BERND KOLLMANN

Die Jesus-Mythen
Sensationen und Legenden

Rainer Triebwasser

Diplom-Sparkassenbetriebswirt und MBA, Jahrgang 1970. Studien an der Deutschen Sparkassenakademie sowie an der Wirtschaftsuniversität Wien. Studienschwerpunkte BWL, Kommunikations- und Führungspsychologie, Ethik. Im Rahmen der Masterthesis Erstellung einer empirischen Studie zum Thema „Förderung der Innovationsfähigkeit durch Führung".
Nach Abschluss einer klassischen Bankausbildung Tätigkeit in verschiedenen wesentlichen Bereichen der Bank, u. a. als Vertriebsdirektor Retail. Zwischenzeitlich Leitung der Personalentwicklung sowie Leitung eines Restrukturierungsprojekts.
Seit 2006 als Abteilungsdirektor der Sparkasse Holstein verantwortlich für das Corporate-Real-Estate-Management von bis zu 100 eigenen Immobilien. Verantwortlich für Immobilienportfoliomanagement sowie für Planung und Durchführung von Objektentwicklungen und Bauprojekten verschiedenster Grössenordnungen. Begleitung zahlreicher Sparkassen bei der Einführung von Immobilienmanagementprojekten.

Thorsten Zwenzner

Der Diplom-Kaufmann, Jahrgang 1970, ist Leiter des Businessteams Office Furniture Systems bei der REHAU AG + Co.
Ausgehend von ihrer Kernkompetenz in der Polymerverarbeitung ist die REHAU-Gruppe u. a. anerkannter Entwicklungspartner und Innovationsgeber für die Möbelindustrie und den kreativen Innenausbau. Das Lösungsportfolio in diesem Segment umfasst dekorative Oberflächenprogramme und intelligente Systemlösungen, die dem heutigen hohen Anspruch an Design, Funktionalität und Wertigkeit gerecht werden.
Parallel dazu setzt REHAU auch im eigenen Unternehmen konsequent auf moderne, flexible Arbeitsplatzkonzepte. Ein Paradebeispiel dafür ist das neugestaltete Headquarter des Geschäftsfeldes Automotive in einer ehemaligen Porzellanfabrik am Standort Rehau, das im Jahr 2006 mit dem „Best Office Award" ausgezeichnet wurde.
In seiner Funktion ist Thorsten Zwenzner verantwortlich für Produkt- und Systemlösungen im Umfeld Büromöbelindustrie und Objekteinrichtung sowie in die internen Workplace-Projekte involviert. Im Rahmen dieser Aufgaben konnte er sich über die Jahre hinweg – u. a. auch durch die Mitgliedschaft im Flexible-Office-Netzwerk – ein profundes Know-how zum Thema Arbeitswelten sowie ein ausgeprägtes Verständnis für die Branche und deren Bedürfnisse erwerben.

Im gleichen Verlag erschienen

Stephan Zinser (Hrsg.)
Flexible Arbeitswelten
Handlungsfelder, Erfahrungen und Praxisbeispiele aus dem Flexible-Office-Netzwerk
Mensch - Technik - Organisation Band 36
2004, 204 Seiten, zahlr. Abb., Format 17 x 24 cm, gebunden
ISBN 978-3-7281-2954-3

In dem vom Institut für Arbeitsforschung und Organisationsberatung (iafob) initiierten FLEXIBLE OFFICE NETZWERK haben sich Unternehmen zusammengefunden, die sich mit der Einführung flexibler Bürolösungen befassen. In diesem Buch werden die Ergebnisse aus der Netzwerkarbeit und die Erfahrungen der für Konzeption, Einführung und nachhaltige Umsetzung flexibler Bürolösungen verantwortlichen Mitarbeitenden zusammengefasst und weitergegeben.

Stephan Zinser, Dieter Boch (Hrsg.)
Flexible Arbeitswelten – So geht's!
DO's and DON'Ts aus dem Flexible-Office-Netzwerk
Mensch - Technik - Organisation Band 42
2007, 288 Seiten, zahlreiche Abbildungen, Format 17 x 24 cm, gebunden
ISBN 978-3-7281-3075-4

Flexible Arbeitswelten sind längst keine Modeerscheinung mehr: Mehr als zwei Drittel der Wertschöpfung werden an Büroarbeitsplätzen erbracht, die gezielt geplant und entsprechend den Anforderungen der Arbeitsprozesse und den Bedürfnissen der Menschen – sie sollten immer gefragt werden – gestaltet werden.
Die Vielfalt der dargestellten Lösungen spiegelt dabei die unterschiedlichen Anforderungen und Ansprüche wider. Diese Vielfalt zu dokumentieren und für andere als Lernfeld aufzuarbeiten, hat sich das Flexible-Office-Netzwerk mit diesem zweiten Band zum Ziel gesetzt.

v/d|f **vdf Hochschulverlag AG an der ETH Zürich**, VOB D, Voltastrasse 24, CH-8092 Zürich
Tel. +41 (0)44 632 42 42, Fax +41 (0)44 632 12 32, verlag@vdf.ethz.ch, www.vdf.ethz.ch

BERND KOLLMANN

Die Jesus-Mythen
Sensationen und Legenden

FREIBURG · BASEL · WIEN

2. Auflage

© Verlag Herder GmbH, Freiburg im Breisgau 2009
www.herder.de
Alle Rechte vorbehalten

Bildnachweis:
S. 19, 21, 53, 79, 88, 90, 137, 152: Archiv des Autors
S. 84, 117, 131, 133, 145, 162: Archiv Herder
S. 66, 72, 173: © KNA-Bild
S. 31: © Stadt Bad Kreuznach
S. 68: M. Baillet / J. T. Milik / R. de Vaux, Discoveries in the Judean Desert
of Jordan III, Oxford 1962, Planche XXX/5

Satz: Weiß-Freiburg GmbH – Graphik & Buchgestaltung
Herstellung: fgb · freiburger graphische betriebe
www.fgb.de
Gedruckt auf umweltfreundlichem, chlorfrei gebleichtem Papier
Printed in Germany

ISBN 978-3-451-32198-6

Inhalt

5

Vorwort

Allen gegenteiligen Behauptungen zum Trotz herrscht in der
Öffentlichkeit ein anhaltendes Interesse an der Person Jesu
und den Anfängen des Christentums. Dass sich dieses Interesse nicht immer in Bahnen bewegt, wie sie vom theologischen
Standpunkt aus wünschenswert wären, steht dabei allerdings
auf einem anderen Blatt. Die Enthüllung (angeblicher) biblischer Geheimnisse, der Blick auf den ganz anderen Jesus und
die Aufdeckung von Verschwörungen, die sich bis in höchste kirchliche Kreise erstrecken sollen, übt aber jedenfalls auf
viele Menschen eine geradezu magnetische Anziehungskraft
aus. In steter Regelmäßigkeit treten spektakuläre archäologische Funde und aufsehenerregende verborgene Schriften an
das Licht der Öffentlichkeit. Ein besonderer Reiz geht dabei
nicht erst seit Dan Browns *Sakrileg* von dem Versuch aus, Jesu
geheimes Liebesleben auszuleuchten und ihn aus den angeblichen Fesseln des kirchlichen Dogmas zu befreien. Auf der
anderen Seite rücken aber auch immer wieder literarische Dokumente und archäologische Relikte in das Rampenlicht, die
publikumswirksam als handfeste Beweise für die Zuverlässigkeit der Bibel beansprucht werden und die Gläubigen in ihrer
Überzeugung bestärken sollen.

Als Bibelwissenschaftler wird man von unterschiedlichster Seite darauf angesprochen, was denn von dieser oder jener Sensation zu halten sei. Mit manchen der in diesem Buch
behandelten Themen beschäftige ich mich auch aus diesem
Grunde seit mittlerweile mehr als zwei Jahrzehnten. In den
letzten Jahren kamen mit geschickt vermarkteten Funden wie
dem Jakobus-Ossuar, dem Familiengrab Jesu oder dem Judasevangelium neue Sensationen hinzu, die auf dem Prüfstand

der wissenschaftlichen Kritik stehen. Dies bewog mich, im Wintersemester 2007/2008 eine Lehrveranstaltung über den geheimnisumwitterten Jesus und die damit verbundenen Mythen oder Legenden anzubieten. Parallel dazu begann ich mit der Konzeption des vorliegenden Buches. Es nähert sich biblischen Themen von einer anderen Seite, als es sonst meist der Fall ist – aber auch das kann, wie ich zu zeigen hoffe, durchaus eine spannende und faszinierende Sache sein.

Der zügige Abschluss des Werkes wurde durch ein Forschungsfreisemester begünstigt, das mir der Rektor der Universität Siegen dankenswerterweise für den Sommer 2008 gewährte. Ebenfalls zu Dank verpflichtet bin ich meiner studentischen Hilfskraft Inga Riedemann für unermüdliche Literaturbeschaffung.

Bernd Kollmann

1. Der geheimnisumwitterte Jesus – vom Reiz der großen Sensationen

Das Leben Jesu von Nazareth ist und bleibt in vielerlei Hinsicht von Geheimnissen und Mythen umgeben. In den letzten Jahren scheint dabei eine Sensation die andere zu jagen. Publikumswirksam werden immer wieder aufsehenerregende Funde präsentiert, verborgene Schriften an das Licht der Öffentlichkeit geholt und spektakuläre Dinge aus dem Leben Jesu enthüllt, die auf den ersten Blick zu einer grundlegenden Korrektur vertrauter Sehweisen zu zwingen und das Christentum in seinen Grundfesten zu erschüttern scheinen. Verlagshäuser, Rundfunkanstalten und Fernsehsender wissen die vermeintlichen oder tatsächlichen Sensationen aus dem Leben Jesu geschickt in Szene zu setzen. Bevorzugt zu Weihnachten und Ostern warten Printmagazine, Radiofeatures und Fernsehdokumentationen mit atemberaubenden Enthüllungen auf, die neues Licht auf das Leben Jesu und die Anfänge der Kirche werfen wollen. Dass viele der vermeintlichen Sensationen in Fachkreisen seit Langem bekannt sind und einer kritischen Überprüfung nicht standhalten, spielt im Kampf um hohe Auflagen oder Einschaltquoten allenfalls eine untergeordnete Rolle. Nicht erst die unglaublichen Verkaufszahlen von Dan Browns *Da Vinci Code* haben zu der Einsicht geführt, dass sich mit der Enthüllung möglichst spektakulärer Details aus dem Leben Jesu gutes Geld verdienen lässt. Wenn die investigativen Werke dann auch noch mit Verschwörungstheorien aufwarten können und all das zu bestätigen scheinen, was man schon immer von der Kirche zu wissen glaubte, sind dem kommerziellen Erfolg vollends keine Grenzen mehr gesetzt.

9

Im Mittelpunkt der spektakulären Enthüllungen aus dem Leben Jesu stehen meist neu entdeckte oder der breiteren Öffentlichkeit unbekannte Texte – oder auch unverfrorene Fälschungen, die angeblich ein authentischeres Bild vom geschichtlichen Jesus vermitteln, als die biblischen Überlieferungen es tun. Die meisten Mythen ranken sich um Geburt und Herkunft Jesu einerseits und den Kreuzestod und die Auferstehung andererseits – und das Liebesleben Jesu auch nicht zu vergessen. Alte Theorien, dass Jesus nicht in Bethlehem zur Welt kam und womöglich das Kind eines römischen Soldaten war, geistern bevorzugt zur Weihnachtszeit immer wieder als neueste wissenschaftliche Erkenntnisse durch die Medien. Spekulationen, dass Jesus die Kreuzigung überlebte und als alter Mann in Indien, Südfrankreich oder Palästina verstarb, gibt es ebenfalls seit Langem in unterschiedlichsten Varianten. Der Glaube an die Auferstehung Jesu wird dabei vielfach auf gezielten Betrug oder maßlose Leichtgläubigkeit seiner Anhänger zurückgeführt. Als besonders reizvoll wird es immer wieder empfunden, das geheime Liebesleben Jesu auszuleuchten, die Existenz leiblicher Nachkommen plausibel zu machen – und in der Folge die skrupellose Unterdrückung dieser unbequemen Wahrheiten durch die römisch-katholische Kirche anzuprangern. Daneben werden mit viel Fantasie jene Abschnitte im Leben Jesu aufgefüllt, über die sich die biblischen Evangelien in Schweigen hüllen.

Nicht wenige der großen Sensationen basieren auf Texten aus dem Bereich der apokryphen Literatur des frühen Christentums. Diese Dokumente gelten oftmals als Beleg dafür, dass die Bibel kein wirklichkeitsgetreues, sondern ein von kirchlichen Dogmen überlagertes Bild der Person und der Lehren Jesu vermittle. Als neutestamentliche Apokryphen bezeichnet man „verborgene" oder „geheime" Texte (so der wörtliche Sinn der Bezeichnung), die aus dogmatischen oder kirchenpolitischen Gründen keinen Eingang in den Bibelkanon fanden. Da diese außerkanonischen Schriften nicht im offiziellen kirchlichen Gebrauch standen und vielfach auch unterdrückt wurden, ist eine Vielzahl von ihnen unwiderruflich verloren gegangen. Durch sensationelle Textfunde in der Neuzeit wurden dann aber zahlreiche apokryphe Schriften des frühen Christentums wieder zugänglich, die über Jahrhunderte hinweg nur noch dem Namen nach bekannt waren oder von deren Existenz man nicht einmal etwas ahnte. An erster Stelle sind in diesem Zusammenhang die 1945 entdeckten Handschriften von Nag Hammadi und das 2006 der Öffentlichkeit vorgestellte Judasevangelium zu nennen, bei denen es sich um beeindruckende Zeugnisse der christlichen Gnosis handelt. Während die Texte aus Nag Hammadi den Spekulationen über eine Liebesbeziehung Jesu zu Maria Magdalena neue Nahrung geben und beispielsweise im *Da Vinci Code* eine Schlüsselrolle spielen, zeichnet das Judasevangelium ein für viele schockierend positives Bild vom Verräter. Aus den geheimnisumwitterten Schriftrollen von Qumran werden abenteuerliche Erwägungen über die Beziehung Jesu zu der jüdischen Religionspartei der Essener und ein Weiterleben Jesu nach der Kreuzigung abgeleitet, ohne dass Jesus dort auch nur mit einem Wort Erwähnung fände. Auch das geheime Markusevangelium, das Jesus mit homosexuellen Riten in Verbindung zu bringen scheint, birgt reichlich Zündstoff in sich, wobei man nicht einmal sagen kann, ob die Schrift echt ist oder vielmehr von ihrem Entdecker gefälscht wurde.

Eine besondere Rolle bei der Aufdeckung der angeblichen Geheimnisse des Lebens Jesu spielen antike Jesusüberlieferungen aus dem nichtchristlichen Bereich. Der jüdische Historiker Flavius Josephus und der syrische Philosoph Mara bar Sarapion lassen Ende des 1. Jahrhunderts eine durchaus von Sympathie getragene Betrachtung Jesu erkennen, wenn sie ihn wohlwollend als „weisen Menschen" oder „den weisen König der Juden" bezeichnen. Davon hört man in der öffentlichen Debatte jedoch nur selten. Als weitaus attraktiver wird das von entschiedener Ablehnung gekennzeichnete Jesusbild des antiken Mainstreams empfunden. So fällt das Urteil des römischen Historikers Tacitus über Jesus und seine Anhänger – ein Urteil, das freilich nicht allzu sehr ins Detail geht – alles andere als freundlich aus. Deutlicher äußern sich bestimmte Traditionen des rabbinischen Judentums oder der griechische Philosoph Celsus. Dort gilt Jesus als unehelicher Bastard, Zauberer und Verführer, der mit zwielichtigen Kunststücken aus Ägypten das Volk zu beeindrucken suchte und über dessen Hinrichtung deshalb kein Wort des Bedauerns laut wird. Vielfach glaubt man mithilfe dieser Jesusdarstellung aus der Sicht seiner Gegner ein objektiveres Bild von dem Mann aus Nazareth gewinnen zu können, das im Gegensatz zu den biblischen Schriften frei von dogmatischer Verzerrung und christlicher Übermalung sei.

Zu den antiken Quellen gesellen sich neuere Dokumente, die mit weiteren sensationellen Informationen über Jesus aufwarten, sich aber eindeutig als spätmittelalterliche oder neuzeitliche Fälschungen erweisen. Zu dieser Kategorie zählt das Barnabasevangelium aus der Zeit um 1600, in dem Judas an Jesu Stelle den Kreuzestod erleidet und der Prophet Mohammed von Jesus als künftiger Retter der Welt angekündigt wird. Während diese Schrift bis in die Gegenwart hinein vor allem das muslimische Jesusbild nachhaltig prägt, sorgte der 1910 der Öffentlichkeit präsentierte Brief, den ein ägyptischer Arzt und Jugendfreund Jesu namens Benan Ende des 1. Jahrhunderts verfasst haben will, nur kurzzeitig für Aufsehen und ist heute kaum noch jemandem bekannt. Das 1972 von dem australischen Journalisten Donovan Joyce verbreitete Märchen einer Schriftrolle aus Masada, in welcher der knapp achtzigjäh-

12

rige Jesus von der Kreuzigung seines Sohnes berichte und sich selbst als letzten rechtmäßigen König von Israel bezeichne, war ebenfalls bereits in Vergessenheit geraten, bevor es 2005 durch Kathy Reichs mit ihrem Thriller *Cross Bones* wieder in das Blickfeld einer breiteren Öffentlichkeit gerückt wurde. Als Dauerbrenner erwiesen sich die angeblich aus den Klöstern Tibets stammenden Dokumente über den großen Propheten Issa, die der russische Abenteurer Nikolas Notowitsch 1894 in Paris publizierte. Darin wird Jesus alias Issa als fernöstlicher Philosoph vorgestellt, der in seiner Jugend in Indien weilte, dort in der Weisheit Buddhas unterwiesen wurde und diese der Welt als die einzig wahre Lehre verkündete. Obwohl die Issalegende schon bald nach ihrem Bekanntwerden als Fiktion ohne jeden geschichtlichen Anhalt entlarvt wurde, übt sie mit ihrem buddhistisch gefärbten Jesusbild bis heute auf esoterische Kreise eine geradezu magnetische Wirkung aus und wird von vielen Menschen für bare Münze genommen. Dies gilt übrigens auch für das *Evangelium des vollkommenen Lebens*, das bei Esoterikern und Vegetariern als älteste Evangelienschrift und Zeugnis der ursprünglichen Lehre Jesu gehandelt wird, aber klar als Fälschung zu erkennen ist.

Bei den Issaerzählungen aus Tibet und dem Abschiedsbrief Jesu aus Masada handelt es sich um Dokumente, die außer ihren „Entdeckern" nie ein Mensch zu Gesicht bekam. Meist sind es gerade die angeblich zurückgehaltenen, verschollenen oder unterdrückten Texte, die den idealen Nährboden für Verschwörungstheorien unterschiedlichster Art bieten. Sie sind von einer Aura des Geheimnisvollen umgeben, verfügen über eine ungeheure Suggestivkraft und entziehen sich gleichzeitig jeder kritischen Prüfung. Dies gilt auch für die unzähligen geheimen und mit ihrem explosiven Inhalt angeblich dem Vatikan schlaflose Nächte bereitenden Dokumente, deren Existenz Michael Baigent in seinem 2006 erschienenen Werk

[handschriftliche Notiz am Rand: Jesus in Indien]

13

Die Gottesmacher glaubhaft machen will. Da ist von Qumran-rollen in Kuwait, die als Kapitalanlage zurückgehalten werden, und von Masadafragmenten in nicht mehr identifizierbaren Londoner Bankschließfächern die Rede. Ein anderes verscholl-enes Manuskript soll unwiderlegbare Beweise dafür enthal-ten, dass Jesus im Jahr 45 und damit anderthalb Jahrzehnte nach seiner Kreuzigung noch am Leben war. Und schließlich will Baigent bei einem israelischen Privatsammler Einblick in zwei authentische Briefe Jesu an den Hohen Rat genommen haben, die der Besitzer aus Furcht vor diplomatischen Ver-wicklungen Israels mit dem Vatikan seit Jahrzehnten unter Verschluss halte und um deren Vernichtung sich bereits Papst Johannes XXIII. bemüht habe. In diesen Dokumenten stelle Jesus klar, dass er nicht im physischen, sondern nur im über-tragenen Sinne der Sohn Gottes sei. Die renommierten Ar-chäologen Yigael Yadin und Naham Avigad, welche die Jesus-briefe angeblich ebenfalls in Augenschein genommen und für echt befunden haben, sind praktischerweise längst verstorben und können nicht widersprechen. Kathleen McGowan be-hauptet in ihrem Werk *Das Jesus-Testament* von 2008 die Exis-tenz eines eigenhändig von Jesus verfassten „Buches der Liebe", das die Grundfesten des Christentums erschüttere. Nachdem die römisch-katholische Kirche im 13. Jahrhundert gegen die Katharer einen der blutigsten Kreuzzüge der Geschichte ge-führt habe, um in den Besitz des unschätzbar wertvollen Ma-nuskripts zu gelangen, sei es verschollen.

Spektakuläre Enthüllungen über Jesus stützen sich aber nicht nur auf literarische Quellen, sondern auch auf materi-elle Relikte aus der Antike. Im Museum Römerhalle in Bad Kreuznach befindet sich der Grabstein eines Soldaten namens Tiberius Julius Abdes Pantera, den manche für den leiblichen Vater Jesu halten. Im Jahr 1980 wurde bei Tiefbauarbeiten im Jerusalemer Vorort Talpiot eine Grabkammer mit Steinsärgen entdeckt, bei der es sich nach Meinung des renommierten Dokumentarfilmers Simcha Jacobovici und des Titanic-Regisseurs James Cameron um die Familiengruft Jesu handelt, in der er mit Maria Magdalena und dem gemeinsamen Sohn Jehuda beigesetzt worden sei. Andere hingegen sehen im Grab des Yuz Asaf, das seit Jahrhunderten in der Altstadt von Kaschmirs Metropole Srinagar verehrt wird, die letzte Ruhestätte Jesu und den Beweis dafür, dass er nur scheinbar am Kreuz starb und noch viele Jahrzehnte in Indien lebte.

Diese Beispiele zeigen anschaulich, dass es sich großer Beliebtheit erfreut und in der Regel von besonderem kommerziellem Erfolg gekrönt ist, die sensationellen Enthüllungen aus dem Leben Jesu für einen Kampf gegen die kirchlichen Dogmen zu instrumentalisieren. Man braucht dazu lediglich die „geheimen" Informationen über Jesus als authentisch auszugeben und gegen das biblische Jesusbild auszuspielen. Auf der anderen Seite treten aber auch immer wieder literarische Dokumente und archäologische Relikte in das Rampenlicht, die publikumswirksam als Beweise dafür beansprucht werden, dass die Bibel doch recht hat. Ein angebliches Markusevangelium aus Qumran soll zeigen, dass die Evangelien deutlich älter und damit ungleich zuverlässiger sind, als gemeinhin angenommen wird. Das gleiche Ziel verfolgt der Versuch, eine seit Langem bekannte und nach einhelliger Expertenmeinung aus der Zeit um 200 stammende Handschrift mit Bruchstücken aus dem Matthäusevangelium nun plötzlich (unter der reißerischen Bezeichnung „Jesus-Papyrus") in die Sechzigerjahre des 1. Jahrhunderts zu datieren. Der vor wenigen Jahren an das Licht der Öffentlichkeit getretene Steinsarg des Jakobus böte, wenn seine Inschrift echt wäre und sich auf den gleichnamigen Bruder des Herrn bezöge, den ersten archäologischen Beweis für die Existenz Jesu. Durch den überraschenden Fund eines antiken Bootes auf dem Grund des Sees Genezareth gewinnen wir einen anschaulichen Einblick in die Alltagswelt der galiläischen Fischer in den Tagen Jesu. Theoretisch könnte sogar Jesus selbst irgendwann einmal in diesem Boot gesessen haben. Das in Rom seit dem Mittelalter bekannte Fragment der Kreuzestafel mit ihrer dreisprachigen Inschrift wäre im Falle seiner Echtheit dazu geeignet, die biblische Darstellung von der Kreuzigung Jesu zu untermauern. Mit dem Grabtuch von Turin als der „Mutter aller Reliquien" und dem erst in jüngerer Zeit in den Blickpunkt gerückten Muschelseiden-tuch von Manoppello wird die alte Frage neu belebt, ob wir ein authentisches Abbild des Antlitzes Jesu und womöglich sogar ein Beweisstück für seine Auferstehung besitzen. In der kontroversen und nicht immer sachlich geführten Diskussion um diese beiden Fundstücke spiegelt sich in besonderer Weise die Sehnsucht vieler Menschen nach handfesten Beweisen für die biblische Geschichte und den christlichen Glauben wider.

Die nachfolgenden Kapitel wenden sich mehr als zwanzig scheinbaren oder tatsächlichen Sensationen aus dem an Ge-heimnissen nicht armen und von zahlreichen Mythen um-rankten Leben Jesu zu. Die Reihenfolge in der Darstellung orientiert sich dabei locker am Ablauf seiner Lebensgeschich-te. Als Einstieg wurde eine Episode gewählt, die nur indirekt mit dem Leben Jesu zu tun hat und hinführenden Charakter besitzt. Es geht um die Entdeckung einer höchst bedeutsamen neutestamentlichen Bibelhandschrift und den damit verbun-denen Verdacht, dass es sich bei einem der größten Gelehrten des 19. Jahrhunderts womöglich um einen dreisten Dieb ge-handelt hat.

2. Der Codex Sinaiticus – ein Fall für die Justiz?

Dem Codex Sinaiticus aus dem 4. Jahrhundert kommt eine Ausnahmestellung für die Rekonstruktion des neutestamentlichen Bibeltextes zu. Vielleicht zählte er zu jenen fünfzig Bibeln, deren Anfertigung Kaiser Konstantin im Jahr 330 nach der formellen Einweihung von Konstantinopel offiziell in Auftrag gab. Zu den aufregendsten Kapiteln der neuzeitlichen Wissenschaftsgeschichte gehören die Umstände der Entdeckung des Codex Sinaiticus und das Nachspiel um die Eigentumsrechte an dem sensationellen Fund. Im Mittelpunkt der abenteuerlichen Geschichte steht der Leipziger Textforscher Konstantin von Tischendorf (1815–1874). Er war einer der bedeutendsten Gelehrten des 19. Jahrhunderts und wurde von europäischen Königshäusern für seine wissenschaftlichen Leistungen mit Ehrungen überhäuft. Oder war er doch eher ein Dieb und Betrüger?

Konstantin von Tischendorf hat sich im 19. Jahrhundert wie kaum ein anderer darum bemüht, Universitäts- und Klosterbibliotheken systematisch nach verborgenen literarischen Schätzen zu durchforsten. Vor allem ging es ihm um griechische Handschriften, die noch nicht für die Rekonstruktion des neutestamentlichen Bibeltextes fruchtbar gemacht worden waren. Ersten wissenschaftlichen Ruhm erwarb sich Tischendorf in der Pariser Nationalbibliothek mit der Untersuchung des *Codex Ephraemi rescriptus*. Die Pergamentblätter dieser alten Bibelhandschrift waren im Mittelalter aus Mangel an Schreibmaterial abgewaschen und mit Werken des syrischen Kirchenvaters Ephraem überschrieben worden. Tischendorf gelang die Freilegung und Entzifferung des ursprünglichen

Bibeltextes, woran zahlreiche Gelehrte vor ihm gescheitert waren.

Nach dieser wissenschaftlichen Pionierleistung begab er sich 1844 im Alter von nicht einmal dreißig Jahren zum Katharinenkloster am Berg Sinai, das angesichts der schwierigen wirtschaftlichen und politischen Gegebenheiten seine Bedeutung als Ort der Gelehrsamkeit längst eingebüßt hatte. Die Mönche waren aufgrund mangelnder Griechischkenntnisse nicht in der Lage, die in der Klosterbibliothek verwahrten Schätze in ihrem Wert zu würdigen, und gingen mehr als sorglos mit den kostbaren Büchern um. Fragmente wertvoller alter Handschriften lagen unbeachtet in den Regalen herum oder wurden zu Buchdeckeln verarbeitet. In einem Papierkorb neben dem Kamin fielen Tischendorf 129 Seiten einer prächtigen Pergamenthandschrift auf, die weite Teile des griechischen Alten Testaments bot. Die Mönche nutzten die ihnen bedeutungslos erscheinenden Blätter dazu, das Kaminfeuer zu entfachen, und hatten nach eigenem Bekunden bereits zwei Ladungen verheizt. Tischendorf erkannte am Schriftbild sofort, dass es sich um Teilstücke einer wertvollen Bibelhandschrift aus dem 4. Jahrhundert handeln musste. Gleichzeitig hegte er die Hoffnung, dieser griechische Kodex könne neben dem Alten Testament auch das Neue Testament enthalten haben. Die Mönche schenkten ihm großzügig 43 dieser Blätter, die noch heute in der Universitätsbibliothek Leipzig liegen. Der Rest verblieb im Sinaikloster.

Im Jahr 1853 unternahm Tischendorf mit Finanzmitteln der sächsischen Regierung eine zweite Reise zum Katharinenkloster, um nach weiteren Bestandteilen der wertvollen Bibelhandschrift zu suchen. Dieses Unternehmen war ein Schlag ins Wasser. Bis auf ein Bruchstück aus dem Buch Genesis, das als Lesezeichen benutzt wurde, fand sich keine Spur der gesuchten Handschrift. Die Mönche konnten oder wollten sich nicht einmal der verbliebenen 86 Blätter aus dem Papierkorb neben dem

Konstantin von Tischendorf

Kamin erinnern. Tischendorf musste unverrichteter Dinge ab-
reisen, ließ sich aber nicht entmutigen. Im Januar 1859 brach der
Gelehrte zu einer dritten Reise zum Sinai auf. Diesmal bezog
er finanzielle Unterstützung von Zar Alexander II., der gleichzeitig der Schutzherr der orthodoxen Mönche des Katharinenklosters war. Von der gesuchten Bibelhandschrift fand sich
aber erneut keine Spur. Doch am Abend des 4. Februar 1859
– die Kamele waren bereits für die Abreise gerüstet – spielte
sich dann jene legendäre Szene ab, die für die Gestalt unseres
neutestamentlichen Bibeltextes von unschätzbarer Bedeutung
sein sollte. Der Ökonom des Klosters lud Tischendorf zu einem Abschiedstrunk in seine Klause ein. Als das Gespräch auf
die gesuchte Handschrift kam, gab er zu erkennen, dass er im
Besitz einer wertvollen griechischen Bibel sei, und holte dann

unvermittelt ein in rotes Tuch eingeschlagenes Bündel aus dem Schrank hervor. Darin befanden sich nicht nur die 1844 zurückgelassenen 86 Blätter aus dem Alten Testament, sondern darüber hinaus das gesamte Neue Testament. Zudem enthielt der Kodex zwei apokryphe Schriften der frühen Christenheit, den Barnabasbrief und den Hirten des Hermas, deren Inhalt man bis dahin nur bruchstückhaft kannte.

Tischendorf erreichte fürs Erste, dass man ihm die Mitnahme der Handschrift nach Kairo in den dortigen Konvent der Sinaiten erlaubte. In Kairo fand er zwei des Griechischen mächtige Deutsche, einen Arzt aus Königsberg und einen Apotheker aus Leipzig, die gemeinsam mit ihm den gesamten Kodex abschrieben, um zunächst einmal den Textbestand zu sichern. Später erhielt er von den Mönchen des Katharinenklosters die Erlaubnis, die Handschrift leihweise nach St. Petersburg zu überführen. In einer auf den 28. September 1859 datierten Quittung verpflichtete er sich, sie nach erfolgter Publikation zurückzugeben, sobald die Mönche dies forderten. Gleichzeitig wurde aber auch bereits die Möglichkeit einer Schenkung ins Auge gefasst, mit der die Verpflichtung zur Rückgabe erlöschen würde. Zum 1000-jährigen Jubiläum der russischen Monarchie im Jahre 1862 veröffentlichte Tischendorf den Codex Sinaiticus, wie er ihn nach seinem Fundort nannte, in einer prachtvollen vierbändigen Faksimileausgabe. Als Anerkennung für seine wissenschaftlichen Leistungen wurde er zudem vom Zaren in den Adelsstand erhoben. Die Handschrift selber kehrte niemals auf den Sinai zurück, da sie zehn Jahre später von den Mönchen des Katharinenklosters dem Zaren als Geschenk übereignet wurde. Sie erhielt einen Ehrenplatz in der Bibliothek von St. Petersburg.

Im Dezember 1933 verkaufte die sowjetische Regierung unter Josef Stalin die kostbare Bibelhandschrift für die damals unglaubliche Summe von 100.000 Pfund nach London (wobei

20

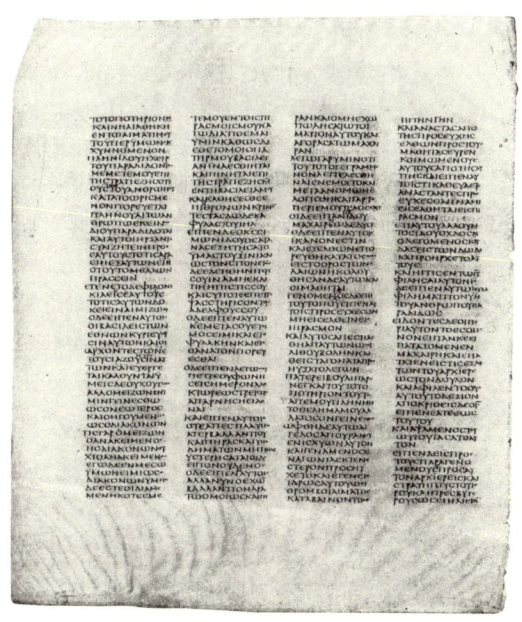

Codex Sinaiticus (mit dem Text Lk 22,20–52).
London, British Library

dieser Betrag zur Hälfte in einer beispiellosen Spendenakti-
on von der englischen Bevölkerung aufgebracht wurde). Dort
befindet sie sich bis heute in der British Library. Inzwischen
sind weitere Teile der Handschrift aufgetaucht. Als 1975 im
Katharinenkloster nach einem Brand eine verschüttete Kam-
mer entdeckt wurde, fanden sich unter den dort verborgenen
Manuskripten zwölf Blätter aus dem Codex Sinaiticus. Auch
die Russische Nationalbibliothek in St. Petersburg beherbergt
noch fünf fragmentarische Blätter in ihren Mauern. Insgesamt
macht der erhaltene Bestand der Handschrift mehr als vierhundert Blätter aus. Über dreihundert Blätter, die das Alte
Testament vervollständigen würden, sind allerdings unwiderruflich verloren gegangen. Vermutlich wurden sie im 19. Jahr-

hundert von den Sinaimönchen im Kamin verheizt. Die erhaltenen Teile sind, wie gesagt, über vier Standorte verstreut, nämlich die Universitätsbibliothek in Leipzig, die British Library in London, das Katharinenkloster auf dem Sinai und die Russische Nationalbibliothek in St. Petersburg. Im Rahmen eines internationalen Projekts, an dem sich die vier genannten Institutionen beteiligen und das 2009 abgeschlossen sein soll, werden sämtliche Blätter der Handschrift digital erfasst und virtuell vereinigt, um den Codex Sinaiticus in seinem erhaltenen Bestand der Öffentlichkeit zumindest im Internet wieder komplett zugänglich zu machen.

Wenn man die Bedeutung von Tischendorfs Fund ermessen will, bedarf es eines Blickes auf die biblische Handschriftenkunde und die Geschichte der Bibelübersetzungen. Von keiner der ungefähr im Zeitraum zwischen 50 und 110 entstandenen neutestamentlichen Schriften besitzen wir das Original. Beim Abschreiben der biblischen Texte unterliefen den Kopisten nicht nur Fehler, sondern sie griffen oft auch durch inhaltliche Korrekturen und Ergänzungen gezielt in ihre Vorlagen ein. Je jünger eine Handschrift ist, desto größer ist im Allgemeinen die Gefahr, dass sie sich weit vom Ursprungstext entfernt hat. Die ältesten entdeckten Textzeugen sind Papyri aus dem 2. und 3. Jahrhundert, die aber nur Teilstücke des Neuen Testamentes wiedergeben und in der Regel stark beschädigt sind. Papyrus war in der Antike ein relativ preiswertes und daher weit verbreitetes Schreibmaterial. Für seine Herstellung wurde das Mark der Papyrusstaude verwendet, einer vor allem in Ägypten am Nil gedeihenden Sumpfpflanze. Papyrus zeichnet sich zwar in trockener Umgebung durch eine erstaunliche Haltbarkeit aus, beginnt aber unter dem Einfluss von Feuchtigkeit bald, sich zu zersetzen und zu verrotten.

Der Codex Sinaiticus hingegen besteht nicht aus Papyrus, sondern aus dem ungleich beständigeren Pergament, das aus

Tierhaut gewonnen wurde. Für den gesamten Kodex waren wohl nahezu vierhundert große Tierhäute notwendig, die sorgfältig präpariert werden mussten, bevor sie als Beschreibmaterial dienen konnten. Bei ihm handelt es sich um die älteste Handschrift, die den kompletten griechischen Text des Neuen Testaments enthält. Von der Bedeutung her vergleichbar ist nur der ebenfalls aus dem 4. Jahrhundert stammende Codex Vaticanus, der von seiner Textqualität her sogar noch etwas höher einzuschätzen ist, allerdings für einzelne Partien des Neuen Testaments wie die Paulusbriefe oder den Hebräerbrief erhebliche Beschädigungen aufweist. Der Codex Vaticanus geriet übrigens unter völlig unspektakulären Bedingungen in das Visier der Forschung. Er wird seit 1475 im Inventarverzeichnis der Bibliothek des Vatikans geführt und schlummerte dort vor sich hin, bis man im frühen 19. Jahrhundert seine Bedeutung für die Rekonstruktion des ursprünglichen Bibeltextes erkannte und sich für ihn zu interessieren begann.

Codex Vaticanus

Durch Textfunde wie den Codex Sinaiticus und den Codex Vaticanus hat sich der Bibeltext nicht unerheblich verändert. Die Geschichte der deutschen Bibel, die maßgeblich mit Martin Luther verbunden ist, reicht weit hinter die Reformationszeit zurück. Luther war keineswegs der Erste, der die Bibel ins Deutsche übersetzte. Nach der Erfindung der Buchdruckerkunst durch Johannes Gutenberg um 1450 sind für die gut siebzig Jahre bis zum Beginn von Luthers Wartburgaufenthalt nahezu zwanzig unterschiedliche deutsche Bibeldrucke bekannt, von älteren handschriftlichen Übersetzungen einmal ganz abgesehen. Die große Leistung Luthers bestand jedoch darin, dass er ein Deutsch wählte, das auf große Akzeptanz stieß und weite Verbreitung fand. Zudem griff er als erster deutscher Bibelübersetzer auf den hebräischen Urtext des Alten Testaments und den griechischen Urtext des Neuen Testaments zurück. Dabei profitierte er davon, dass sich die

Veränderung d. Bibel

Übersetzung ins Dt. Also durch Johannes Gutenberg ↓ Luther: erneute Übersetzung in ein besseres Deutsch

23

geistige Bewegung des Humanismus dem wissenschaftlichen Studium der nahezu in Vergessenheit geratenen alten Sprachen Griechisch und Hebräisch verschrieben hatte.

Bei seinem Aufenthalt auf der Wartburg übertrug Luther in der kurzen Zeit zwischen Dezember 1521 und März 1522 zunächst das Neue Testament ins Deutsche, das dann wenige Monate später als sogenanntes Septembertestament auf dem Buchmarkt erschien. Dabei konnte er sich der allerersten Druckausgabe des griechischen Neuen Testaments bedienen, die 1516 in Basel von dem Humanisten Erasmus von Rotterdam veröffentlicht worden war. Dieses Werk stützt sich auf Handschriften aus dem 12. und 13. Jahrhundert. Es wurde in großer Eile erstellt und aus wirtschaftlichen Gründen hastig auf den Markt geworfen, um einer in Spanien bereits im Druck befindlichen, aber noch auf die kirchliche Genehmigung zur Veröffentlichung wartenden Ausgabe des griechischen Neuen Testamentes zuvorzukommen. Die Edition des Erasmus entsprach damit schon bei ihrem Erscheinen nicht dem Stand der Textrekonstruktion, der zu jener Zeit wissenschaftlich möglich gewesen wäre. Dass wir heute einen ungleich zuverlässigeren griechischen Text des Neuen Testamentes als Grundlage unserer Bibelübersetzungen haben, liegt an sensationellen Handschriftenfunden der Neuzeit, zu denen nicht zuletzt die Entdeckung des Codex Sinaiticus durch Konstantin von Tischendorf gehört. Gemeinsam mit dem Codex Vaticanus hat er unser Wissen um den ursprünglichen Text des Neuen Testaments an einzelnen Stellen auf geradezu revolutionäre Weise bereichert. Zwei Beispiele verdeutlichen dies besonders gut. Einerseits führten diese Kodizes zu der Erkenntnis, dass es sich bei Markus 16,9–20 um einen aus späterer Zeit stammenden Nachtrag zum Markusevangelium handelt. Andererseits zeigten sie, dass die am Ende von Johannes 7 einsetzende Geschichte von Jesus und der Ehebrecherin kein ursprünglicher Bestandteil des vierten Evangeliums war. Beide Textpassagen sind nämlich weder im Codex Sinaiticus noch im Codex Vaticanus vorhanden; sie wurden also von späteren Kopisten des biblischen Textes nachträglich in die betreffenden Evangelien eingefügt.

An die abenteuerliche Entdeckungsgeschichte des Codex Sinaiticus schloss sich eine nicht weniger aufregende Auseinandersetzung um die Besitzrechte an. Tischendorf selbst stand bis zu seinem Tod im Dezember 1874 in freundschaftlichem Kontakt zu den Mönchen vom Sinai. Bereits Ende des 19. Jahrhunderts begann man aber im Katharinenkloster an der Legende vom Diebstahl des Codex Sinaiticus durch Tischendorf zu stricken. Diese Behauptung hat vereinzelt auch Eingang in die wissenschaftliche Literatur gefunden. Als der Codex Sinaiticus 1933 in London eintraf, machte der damalige Abt des Sinai (der gleichzeitig Erzbischof ist) telegrafisch Besitzansprüche geltend. Bis heute fordern die Mönche vom Sinai den Kodex zurück und behaupten, die British Library berge unrechtmäßig erworbenes Eigentum in ihren Mauern. Als Beweis für den angeblichen Diebstahl dient den Mönchen die besagte Quittung aus dem Jahr 1859, auf der Tischendorf sich zur Rückgabe des entliehenen Kodex verpflichtet. Tunlichst verschwiegen wird dabei aber, dass mit der von vornherein anvisierten Schenkung an den Zaren die Verpflichtung Tischendorfs zur Rückgabe der Handschrift hinfällig wurde. Tatsächlich existiert eine vom Abt der Sinaimönche und von verschiedenen Mitgliedern des Konvents unterzeichnete Schenkungsurkunde vom 18. November 1869. Dieses Dokument belegt zweifelsfrei, dass der Codex Sinaiticus seinerzeit rechtmäßig in den Besitz der russischen Regierung überging. Im Gegenzug übersandte man aus Russland ein großzügiges Geldgeschenk von neuntausend Rubeln an das Katharinenkloster. Die Besitzansprüche der Mönche und die schweren Anschuldigungen gegen Konstantin von Tischendorf entbehren damit jeder Grundlage.

[Handschriftliche Randnotizen: "Kopisten fügen Teile hinzu z.B. Mk 16, 9-20; Joh 7" ; "Kontakt mit Mönchen am Sinai" ; "Schenkungs- urkunde"]

3. Jesus als Kind eines römischen Legionärs

Alljährlich zur Weihnachtszeit muss man damit rechnen, dass die Medien die sensationelle Nachricht verbreiten, dass es sich bei Jesus von Nazareth nach neuesten bibelwissenschaftlichen Erkenntnissen um ein Besatzungskind handle. Sein tatsächlicher Vater sei ein römischer Legionär namens Panthera, der vielleicht sogar am Rhein in der Nähe von Bingen begraben liege. In Wirklichkeit gehörten derartige Mutmaßungen über den Familienhintergrund Jesu jedoch bereits in der Antike zum festen Repertoire der Polemik gegen das Christentum.

Im späten 2. Jahrhundert verfasste der platonische Philosoph Celsus eine gegen das Christentum gerichtete Abhandlung, die den Titel *Die wahre Lehre* trug. Dieses Werk hat zwar die christlichen Büchervernichtungen nicht überlebt, ist aber aus der Gegenschrift des Kirchenvaters Origenes zu großen Teilen bekannt, in der umfangreiche Passagen daraus zitiert werden. Bevor Celsus selbst vom Standpunkt der platonischen Philosophie aus mit dem Christentum abrechnete, gab er jüdische Kritik an der Person Jesu wieder, die ihm zu Ohren gekommen war. Die Frage nach der Herkunft Jesu stellte dabei einen der Hauptangriffspunkte dar. In diesem Zusammenhang begegnet bei Celsus aus jüdischem Mund die Behauptung, die Jungfrauengeburt sei von den Christen erdichtet worden. In Wirklichkeit entstamme Jesus einer ehebrecherischen Beziehung. Seine Mutter, eine arme Handarbeiterin, habe sich mit einem Soldaten namens Panthera eingelassen, woraufhin sie von ihrem Mann verstoßen worden sei und das Kind heimlich zur Welt gebracht habe.

Derartige Vorstellungen dürften auch im Hintergrund stehen, wenn Jesus im Talmud an mehreren Stellen den Beinamen

Ben Pandera oder Pantera trägt. Die polemische These von der Zeugung Jesu durch einen römischen Besatzungssoldaten namens Panthera war die im Judentum kursierende Antwort auf den christlichen Glaubenssatz von der Geburt Jesu aus der Jungfrau, die von der griechisch-römischen Welt begierig aufgegriffen wurde. Im 19. Jahrhundert formulierte der Tübinger Theologe David Friedrich Strauß sarkastisch, dass damit dem christlichen Dogma nur Recht geschehen sei. Eine zu starke Zumutung müsse sich auf eine derbe Abweisung gefasst machen, denn auf einen groben Klotz gehöre nun einmal ein grober Keil. Mit der Glaubensaussage von der Jungfrauengeburt, wie sie in den Evangelien des Matthäus und Lukas begegnet, soll die Göttlichkeit Jesu in besonderer Weise herausgestellt werden. In der Umwelt des Neuen Testaments stieß dies auf entschiedene Ablehnung und wurde mit der Legende von der Zeugung Jesu durch einen römischen Soldaten konterkariert.

Die Behauptung, Jesus sei in Wirklichkeit das Kind eines gewissen Panthera gewesen, kann damit kaum Anspruch auf geschichtliche Zuverlässigkeit erheben. Dennoch hat sie dem frühen Christentum offenkundig hart zugesetzt. Später wurde daher der Name Panthera in den Stammbaum Jesu integriert, um der Polemik den Wind aus den Segeln zu nehmen: Der Kirchenvater Epiphanius von Salamis überliefert im 4. Jahrhundert die überraschende Nachricht, dass Jesu Großvater Jakob den Beinamen Panthera getragen habe und Josef daher als „Panthersohn" bezeichnet worden sei. Darin spiegelt sich der Versuch wider, der offenbar nicht aus der Welt zu schaffenden Behauptung, Jesus sei ein Abkömmling des Panthera, die Spitze abzubrechen. In Jesu väterlicher Herkunftslinie gab es, so lautet die Botschaft der von Epiphanius zitierten altkirchlichen Tradition, tatsächlich den Name Panthera, aber das heißt keineswegs, dass er der Sohn eines römischen Soldaten wäre. Aber auch darauf reagierte die jüdische Polemik gegen das Christentum und entwickelte eine neue Version der Legende von der unehrenhaften Geburt Jesu. In den wohl aus dem frühen Mittelalter stammenden *Toledot Jeschu*, einer Art satirischem Gegenevangelium, begegnet Jesu Vater als Josef Panderi, der sich in die Jungfrau Miriam verliebt. Diese weist ihn ab, zumal sie bereits mit dem frommen Jochanan verlobt ist. Josef Panderi erschleicht sich das Vertrauen Jochanans, macht ihn nachts betrunken und wohnt Miriam bei, die ihn für ihren Bräutigam hält. Nach neun Monaten bringt Miriam in Bethlehem ihr Kind zur Welt und behauptet, es ohne männliche Beiwohnung empfangen zu haben.

Mit dieser jüdischen Schmähschrift gegen das Christentum ist allerdings noch nicht der traurige Höhepunkt der bizarren Spekulationen um Jesu Herkunft erreicht. Zu den finstersten Kapiteln der neueren Theologiegeschichte zählt der Versuch, Jesus unter Verweis auf die antike Panthera-Tradition die jüdische Herkunft abzuerkennen und ihn zum „Arier" zu machen. Der Jenaer Zoologieprofessor Ernst Haeckel veröffentlichte 1899 seine von antisemitischer Rassenideologie getragene Schrift *Die Welträthsel*, die zum Bestseller wurde und innerhalb von nicht einmal fünf Jahren in 200.000 Exemplaren Verbreitung fand. Dort wird die antike Polemik, dass Maria sich mit dem römischen Soldaten Panthera eingelassen habe, zur Lösung des vermeintlichen Welträtsels der Herkunft Jesu erhoben. Jene Charaktereigenschaften, welche die erhabene Persönlichkeit Jesu besonders auszeichneten und seiner Religion der Liebe den Stempel aufdrückten, seien entschieden nicht semitisch, sondern erschienen als Grundzüge des edelsten Zweigs „einer höheren arischen Rasse", wie der Hellene Panthera sie verkörpere. Emil Jung vertrat 1922 in seinem Werk *Die Herkunft Jesu im Lichte freier Forschung* nicht nur die an den Haaren herbeigezogene Auffassung, bei Maria habe es sich von Hause aus nicht um eine Jüdin gehandelt, sondern stellte auch die Behauptung auf, sie sei von dem Römer Panthera zum Beischlaf gezwungen worden. Mit fortschreitendem Alter habe sich in Jesus das ihm angeborene „arische Empfinden" zunehmend zu Wort gemeldet und endlich die Fesseln zerrissen, die jüdische Erziehung und Weltanschauung seinem Geiste angelegt hätten. Das ideologische Interesse an dem Versuch, eine nichtjüdische Abstammung Jesu zu erweisen, liegt bei Jung offen zutage. Da sich ein jüdischer Jesus von Nazareth mit dem nationalen Empfinden weiter Volkskreise nicht mehr vereinbaren lasse, sei die Entscheidung über die Herkunft Jesu für das Christentum zur Lebensfrage geworden.

In Grundzügen ähnlich verläuft die Argumentation von Walter Grundmann, der 1930 Mitglied der NSDAP wurde und 1932 zu den Mitbegründern der Hitler ergebenen „Deutschen Christen" zählte. 1936 übernahm er den neutestamentlichen Lehrstuhl an der Theologischen Fakultät in Jena und hatte zudem bis Kriegsende die Leitung des 1939 auf der Wartburg gegründeten „Instituts zur Erforschung des jüdischen Einflusses auf das deutsche kirchliche Leben" inne, das im Dienste des Antisemitismus die als „Entjudung" bezeichnete „Ausmerzung des jüdischen Geistes" aus der religiösen Tradition und der theologischen Ausbildung betrieb. In seinem 1940 erschienenen Buch *Jesus der Galiläer und das Judentum* versucht Grundmann ebenfalls zunächst, eine ethnische Zugehörigkeit Marias zum Judentum in Abrede zu stellen, um dann unter Berufung auf die Panthera-Tradition auch Josef zum Nichtjuden zu erklären. Dabei stützt er sich auf die Aussage des Kirchenvaters Epiphanius von Salamis, dass es im Stammbaum Jesu väterlicherseits den Namen Panthera gegeben habe. Der völlig unjüdische Familienname Panthera zeige, dass die Familie Josefs zur Annahme des jüdischen Glaubens gezwungen worden sei. Man könne daher mit größter Wahrscheinlichkeit davon ausgehen, dass Jesus kein Jude gewesen sei. Bereits zuvor hatte Emanuel Hirsch in das gleiche Horn gestoßen. Er ist ein weiteres Beispiel für Theologen, die nicht nur entschieden für die nationalsozialistische Ideologie eintraten, sondern ihre mit ihr konformen Theorien auch noch mit zweifelhaften wissenschaftlichen Methoden biblisch zu untermauern suchten. In seinen Ausführungen *Zum Wesen des Christentums* (1939) schätzte er die Chance für einen Galiläer im Zeitalter Jesu, dass er nicht einen Tropfen jüdischen Blutes in sich trage, auf neun zu eins. Nach allen Regeln wissenschaftlicher Wahrscheinlichkeit sei Jesu Familie also nichtjüdischen Blutes gewesen. Um dies zu untermauern, griff auch Hirsch auf die altkirchliche Tradition zurück, dass der Großvater Jesu den Namen Panthera getragen habe. Diesen heidnischen Namen habe ihm der Urgroßvater Jesu gegeben, um seinen Ingrimm gegen das ihm aufgezwungene Judentum zum Ausdruck zu bringen.

Aber auch ohne solche pseudowissenschaftlichen und zutiefst antisemitischen Tendenzen steht die Panthera-Tradition in der gegenwärtigen Bibelwissenschaft vereinzelt noch hoch im Kurs. Gerd Lüdemann erklärte 1997 in seiner kritischen Auseinandersetzung mit dem Problem der Jungfrauengeburt Jesus nicht nur zum unehelichen Kind des römischen Besatzungssoldaten Panthera, sondern bereicherte diese These auch um Vergewaltigungstheorien, wie sie ganz ähnlich bereits bei Emil Jung begegnet sind. Die Bezeichnung Jesu als Marias Sohn in Markus 6,3 zeige, dass Josef nicht der Vater sein könne. Da für Maria ein sexuelles Abenteuer kaum wahrscheinlich zu machen sei, dränge sich die Annahme einer Vergewaltigung geradezu auf. James D. Tabor zieht dagegen in seinen Ausführungen zur Jesus-Dynastie eher eine frei gewählte Beziehung Marias mit Panthera in Erwägung und bringt diesen zudem mit einem inschriftlich bezeugten Bogenschützen der römischen Rhein-Legionen in Verbindung, auf den Anfang des 20. Jahrhunderts bereits der Bibelwissenschaftler Adolf Deißmann aufmerksam gemacht hatte. Im Jahr 1859 wurde nämlich beim

Bau des Bahnhofs Bingerbrück der Grabstein eines römischen Soldaten namens Tiberius Julius Abdes Pantera entdeckt, der heute im Museum Römerhalle in Bad Kreuznach besichtigt werden kann. Das Fundstück enthält eine nahezu lebensgroße Abbildung des Verstorbenen, bei der allerdings der Kopf abgebrochen und verloren gegangen ist. Der unten in den Stein eingemeißelten Inschrift zufolge stammte Tiberius Julius Abdes Pantera aus der phönizischen Stadt Sidon und hatte vierzig Jahre als Soldat in der ersten Kohorte der Bogenschützen gedient, bevor er im Alter von 62 Jahren in Germanien verstarb. Die auf dem Grabstein genannte Bogenschützenkohorte war im Jahr 6 n. Chr. von Palästina zunächst nach Dalmatien und drei Jahre später dann in die Nähe von Bingen verlegt worden. Tabor hält es im Blick auf diesen archäologischen Fund zumindest nicht für ausgeschlossen, dass verlässliche Spuren des leiblichen Vaters Jesu an den Rhein führen.

All diese Spekulationen um eine Zeugung Jesu durch einen römischen Soldaten gehen allerdings an der Wirklichkeit vorbei, wenn es sich bei der Panthera-Tradition erst um eine polemische Reaktion des Judentums auf die christliche Lehre von der Jungfrauengeburt handelt.

Grabstein des Tiberius Julius Abdes Pantera.
Museen im Rittergut Bangert
Bad Kreuznach, Römerhalle

4. „Jesus war nie in Bethlehem"

In einer am vierten Advent des Jahres 2002 ausgestrahlten Fernsehdokumentation wartete die BBC mit einer scheinbar sensationellen Nachricht auf: Jesus sei nicht in Bethlehem geboren, sondern stamme in Wirklichkeit aus Nazareth. Solche medienwirksam aufbereiteten Zweifel an der biblischen Weihnachtsgeschichte sind jedoch alles andere als neu. Schon seit dem 19. Jahrhundert wird nämlich in der Bibelwissenschaft darüber diskutiert, ob Jesus tatsächlich in dem kleinen Ort nahe Jerusalem zur Welt kam, wie es die Evangelien des Matthäus und Lukas berichten. Aber offensichtlich kann man, bevorzugt zur Weihnachtszeit, mit der Infragestellung von Bethlehem als Geburtsort Jesu immer wieder aufs Neue eine breitere Öffentlichkeit überraschen oder auch schockieren.

Bethlehem ist in der christlichen Tradition fest mit der Weihnachtsgeschichte verwachsen. Als biblische Geburtsstadt Jesu wurde Bethlehem früh zum Wallfahrtsort. Bereits im 2. Jahrhundert wurde dort eine Höhle als Ort der Geburt Jesu verehrt. Anfang des 4. Jahrhunderts wurden – auf die Initiative des Kaisers Konstantin und seiner Mutter Helena hin – im Heiligen Land eine Reihe von Sakralbauten geplant, und so begann man im Jahr 326 auch über der Geburtsgrotte eine Kirche zu errichten, die später unter Kaiser Justinian erweitert wurde. Während mit der persischen Invasion im 7. Jahrhundert zahlreiche Sakralbauten im Heiligen Land der Zerstörung anheimfielen, blieb der Geburtskirche in Bethlehem dieses Schicksal erspart. Sie ist bis heute in ungebrochener Kontinuität eine christliche Pilgerstätte.

Die biblische Geschichte von der Geburt Jesu wirft allerdings in der Tat eine ganze Reihe von Fragen auf. Die Probleme

32

beginnen bereits mit der Ermittlung des Jahres, in dem dieses Ereignis stattfand. Jesus erblickte nicht, wie man es eigentlich erwarten sollte, zur Zeitenwende das Licht der Welt, sondern wurde mindestens vier Jahre vor der christlichen Ära geboren. *(handschriftlich: Geburtsjahr)* Dieses Kuriosum hängt mit einem Rechenfehler des Mönchs Dionysius Exiguus zusammen, auf den die christliche Zeitrechnung zurückgeht. Er wurde 525 in Rom damit beauftragt, den genauen Ostertermin zu berechnen. Nebenbei führte er die Zählung der Jahre ab der Menschwerdung Gottes in Jesus Christus ein: Bis dahin hatte man im Allgemeinen nach der Ära des römischen Kaisers und Christenverfolgers Diokletian datiert, indem man die Jahre seit dessen Regierungsantritt zählte, der umgerechnet in das Jahr 284 fällt. Dionysius ging von der damals weit verbreiteten Meinung aus, dass Jesus an einem 25. März auferstanden sei. Bei der Suche nach einem geeigneten Jahr, in dem der Ostersonntag auf den 25. März gefallen war, stieß er auf das Jahr 784 seit der Gründung Roms. Aufgrund der Annahme, dass Jesus bei der Kreuzigung dreißig Jahre alt war, legte Dionysius in einem nächsten Schritt das Jahr 754 seit der Gründung Roms als Geburtsjahr Jesu fest und bezeichnete es als das Jahr 1 der christlichen Zeitrechnung. Damit lag der Mönch, der nur wenige zuverlässige Anhaltspunkte zur Verfügung hatte und teilweise auf Schätzungen zurückgreifen musste, jedoch um mehr als vier Jahre daneben. Nach dem Zeugnis der Evangelien fällt die Geburt Jesu nämlich noch in die letzten Regierungsjahre Herodes' des Großen. Seit dem frühen 19. Jahrhundert weiß man aber, dass der jüdische Herrscher im Jahr 750 seit der Gründung Roms gestorben ist, das dem Jahr 4 vor Beginn der christlichen Ära entspricht. Jesus ist demnach irgendwann im Zeitraum zwischen 7 und 4 v. Chr. zur Welt gekommen. *(handschriftlich: 7 – 4. v. Chr.)*

Auch die Annahme, dass Jesus in der Nacht zum 25. Dezember geboren sei, lässt sich historisch nicht aufrechterhal-

33

ten. Die biblischen Berichte machen keine Angaben über das exakte Datum der Geburt Jesu. Die Spekulationen darüber setzten erst später ein und führten zunächst zu ganz unterschiedlichen Ergebnissen. Der 25. Dezember hat dabei anfangs keine Rolle gespielt. Altkirchlichen Nachrichten zufolge wurden im ausgehenden 2. Jahrhundert in unterschiedlichen christlichen Gruppierungen der 6. oder 10. Januar, der 19. oder 20. April, der 20. Mai oder auch der 18. November als Geburtsdatum Jesu Christi gehandelt. Das älteste Zeugnis für den Ansatz der Geburt Jesu auf den 25. Dezember stammt aus dem Jahr 354. Dieses Datum konnte sich in der Kirche allgemein durchsetzen, obgleich es in einzelnen Kirchengebieten noch lange Zeit mit dem 6. Januar konkurrierte. Wenn heute zahlreiche orthodoxe Kirchen am 6. Januar Weihnachten feiern, hat das allerdings einen anderen Grund. Es liegt an der Ablehnung der gregorianischen Kalenderreform aus dem 16. Jahrhundert und dem Festhalten am julianischen Kalender, dessen 25. Dezember im gregorianischen Kalender dem 6. Januar entspricht.

Für den unbestrittenen Sachverhalt, dass erst im 4. Jahrhundert das Fest der Geburt Jesu verbindlich auf den 25. Dezember gelegt wurde, gibt es zwei unterschiedliche Erklärungen. Weithin dominant ist eine religionsgeschichtliche Ableitung des Weihnachtsfestes aus dem römischen Sonnenkult. Das Datum 25. Dezember bezeichnet nach dem julianischen Kalender die Wintersonnenwende, an der öffentliche Spiele und Festivitäten zu Ehren des unbesiegbaren Sonnengottes (Sol invictus) stattfanden. Dieses Staatsfest, an dem feierlich die Neugeburt der vom Winterdunkel nicht besiegten Sonne begangen wurde, war 275 durch den römischen Kaiser Aurelian eingeführt worden. Dass die Christen das Weihnachtsfest am 25. Dezember begehen, dürfte sich einer gezielten Übernahme und Christianisierung des Festes der Geburt des unbesiegba-

34

ren Sonnengottes verdanken. Man knüpfte also bewusst an etwas an, was es in der herrschenden Kultur schon gab, um dadurch die gesellschaftliche Stellung der christlichen Religion zu festigen. Zudem konnte die Begehung des Weihnachtsfestes am 25. Dezember Christen vom Besuch heidnischer Festivitäten zu Ehren des Sol invictus abhalten. Mit dieser religionsgeschichtlichen Ableitung des Weihnachtsfestes aus dem Sonnenkult konkurriert ein Erklärungsmodell, das Fremdeinfluss in Abrede stellt. Es betrachtet das Weihnachtsdatum als Konsequenz von altkirchlichen Berechnungshypothesen, denen zufolge Jesu Todestag mit dem Tag seiner Empfängnis zusammenfiel und beide Ereignisse auf den 25. März zu datieren sind. Aus diesen Zahlenspekulationen ergibt sich ein neun Monate späteres Geburtsdatum am 25. Dezember. Beide Erklärungsmuster schließen sich nicht aus, sondern können zusammen dafür verantwortlich sein, dass sich der 25. Dezember als Datum der Geburt Jesu etablierte.

Von der umstrittenen Geburt in Bethlehem berichten nur zwei neutestamentliche Schriften, nämlich die Evangelien des Matthäus und des Lukas. Das Markusevangelium, das älter ist als diese beiden, kennt dagegen gar keine Weihnachtsgeschichte und vermittelt deutlich den Eindruck, dass Jesus aus Nazareth stammt. Der Evangelist Matthäus betrachtet die Geburt Jesu in Bethlehem als Erfüllung der Verheißung des alttestamentlichen Propheten Micha. Dieser hatte im 5. Kapitel seines Buches verkündet, dass der erwartete Messias aus Bethlehem, der Stadt Davids, kommen werde. Darüber, wie Josef und Maria nach Bethlehem gelangten, macht Matthäus keine Angaben. Die kritische Bibelwissenschaft rechnet daher damit, dass Bethlehem aus dogmatischen Gründen zum Geburtsort Jesu wurde. Weil der Messias nach der Schrift in Bethlehem zur Welt kommen musste, sei Jesu Geburt von Nazareth dorthin verlegt worden.

[Handschriftliche Randnotizen:]
Mk: ∅
W-Geschichte
Jesus aus Nazareth

Lk:
Jesus aus Bethlehem

35

Der Evangelist Lukas liefert dagegen in seiner Weihnachtsgeschichte mit dem Verweis auf die Steuerschätzung des Quirinius eine auf den ersten Blick plausibel erscheinende Erklärung dafür, warum Josef und Maria sich aus ihrer Heimatstadt Nazareth nach Bethlehem begaben. Das Problem liegt allerdings darin, dass die Steuerschätzung des Quirinius erst mehr als zehn Jahre nach Jesu Geburt stattgefunden hat. Der jüdische Historiker Josephus berichtet ausführlich von dieser Maßnahme der römischen Verwaltung und datiert sie zuverlässig in das Jahr 6 n. Chr. Um dies nachvollziehen zu können, ist ein Blick in die jüdische Geschichte notwendig. Nachdem Herodes der Große 4 v. Chr. gestorben war, wurde sein Königreich unter dreien seiner Söhne aufgeteilt. Haupterbe war Archelaos, dem mit Judäa, Samaria und Idumäa das Herzstück des ehemaligen Herodesreiches mit der Hauptstadt Jerusalem zufiel. Seine Herrschaft stand allerdings von Anfang an unter keinem guten Stern und war von schweren inneren Spannungen überschattet. Im Jahr 6 n. Chr. begab sich eine Delegation jüdischer und samaritanischer Aristokraten nach Rom, um beim Kaiser die Absetzung des Archelaos zu fordern. Da Augustus dem Anliegen stattgab und Archelaos nach Gallien verbannte, müssen schwere Anschuldigungen gegen ihn vorgebracht worden sein. Während Herodes der Große jahrzehntelang ein Garant römischer Interessen im Osten war und die Gegensätze in seinem Reich unter Kontrolle gehalten hatte, war Archelaos dazu offenkundig nicht in der Lage.

Im Zuge dieser politischen Entwicklungen wurde das Herrschaftsgebiet des Archelaos 6 n. Chr. in die Provinz Judäa umgewandelt und der direkten Herrschaft Roms unterstellt. Damit wurde eine Steuerschätzung (Zensus) erforderlich, die durch den syrischen Statthalter Quirinius durchgeführt wurde, der als kaiserlicher Sonderbeauftragter fungierte. Der Zensus war von Kaiser Augustus in den Provinzen des Reiches zur Bemessung der Kopfsteuer und Grundsteuer eingeführt worden. Mit der Neueinrichtung einer Provinz mussten sich all ihre Bewohner, die nicht das römische Bürgerrecht besaßen, einem Zensus unterziehen, der dann in regelmäßigen Abständen wiederholt wurde. Normalerweise gab der Hausvorstand diese Erklärung für alle Familienmitglieder ab. Auf diese Weise verschafften sich die Behörden Einblick in die Zahl der kopfsteuerpflichtigen Personen und deren Vermögensverhältnisse.

Zwischen der Geburt Jesu gegen Ende der Regierungszeit des Herodes und der Einrichtung der römischen Provinz Judäa klafft nun aber eine Lücke von mindestens zehn Jahren. Wenn er das Weihnachtsgeschehen mit diesem Zensus des Quirinius in einen zeitlichen Zusammenhang bringt, ist Lukas also ein chronologischer Irrtum unterlaufen. Alle Versuche, einen anderen Zensus des Quirinius zur Zeit der Geburt Jesu plausibel zu machen, scheitern daran, dass sich eine Statthalterschaft des Quirinius in Syrien zu Lebzeiten von Herodes dem Großen nicht belegen lässt. Zudem bestand von römischer Seite keinerlei Veranlassung, in einem innenpolitisch autonomen Herrschaftsgebiet wie dem Herodesreich einen Zensus durchzuführen. Dies geschah, wie gesagt, erst später anlässlich der Einrichtung der römischen Provinz Judäa. Wenn es aber im Geburtsjahr Jesu keine römische Steuerschätzung gab, dann fällt die im Lukasevangelium gegebene Begründung für die Bethlehemreise von Maria und Josef in sich zusammen. Ohnehin war bei kritischer Lektüre der Weihnachtsgeschichte schon oft eine plausible Erklärung dafür vermisst worden, warum die hochschwangere Maria ihren Ehemann begleitete, wenn dieser stellvertretend für das ganze Haus die Steuerdeklaration leisten konnte. Damit scheint sich der Kreis zu schließen: Die Geschichte von der Geburt in Bethlehem beruht offenbar nicht auf Tatsachen, sondern ist ein Produkt des christlichen Messiasglaubens. Ein 2007 erschienenes Buch von Martin Koschorke bringt dies provokativ auf die Formel: „Jesus war nie in Bethlehem".

Ganz so einfach liegen die Dinge allerdings nicht. Der Bonner Altertumswissenschaftler Klaus Rosen brachte 1995 beachtliche neue Argumente für die Geschichtlichkeit der Bethlehemreise von Josef und Maria in die Diskussion ein. Ausgangspunkt seiner Erwägungen ist die Steuererklärung einer Jüdin namens Babatha. Babatha lebte zur Zeit des zweiten jüdischen Aufstands gegen die Römer, der in den Jahren 132–135 unter Leitung von Bar Kochba stattfand, in der Ortschaft Zoara südlich des Toten Meeres. Diese gehörte zur römischen Provinz Arabien, auf deren Territorium die Kampfhandlungen übergegriffen hatten. Als im Jahr 135 mit dem Fall der Festung Bether und dem Tod Bar Kochbas der Aufstand gescheitert war, suchten zahlreiche Jüdinnen und Juden in den Höhlen am Westufer des Toten Meeres Zuflucht vor den Römern. Dazu zählte auch Babatha, die auf der Flucht ihr Familienarchiv mit sich führte. Unter den rund vierzig persönlichen Papieren Babathas, die 1961 in einer Höhle nahe En-Gedi entdeckt und 1989 vollständig publiziert wurden, findet sich auch ein griechischsprachiger Papyrus mit der Abschrift einer Steuererklärung von 127 n. Chr. In jenem Jahr führte der römische Statthalter von Arabien im Auftrag des Kaisers Hadrian einen Zensus durch, in dessen Verlauf Babatha im etwa 40 km entfernten Rabbath vor den römischen Steuerbehörden eine Vermögensdeklaration abzugeben hatte, in der ihr Grundbesitz, der aus vier Dattelhainen bestand, und dessen durchschnittlicher Ertrag aufgelistet war. Dieses Land hatte sie von ihrem Vater geerbt. Das Dokument schließt mit einer eidlichen Versicherung Babathas, die Steuererklärung in gutem Glauben abgegeben zu haben. Babathas Ehemann Judanes musste als ihr rechtlicher Vormund die Urkunde gegenzeichnen.

Dieser Papyrus spiegelt die Modalitäten der Steuerschätzung im Römischen Reich wider und wirft neues Licht auf die Weihnachtsgeschichte des Lukas. Möglicherweise liefert er die Erklärung dafür, warum die hochschwangere Maria ihren Ehemann Josef auf eine beschwerliche mehrtägige Reise von Nazareth nach Bethlehem begleitete. Sie hatte dort, so die Vermutung von Klaus Rosen, ähnlich wie Babatha ererbten Grundbesitz, den nur sie persönlich vor den Behörden deklarieren konnte. In der Weihnachtsgeschichte des Lukas seien unterschiedliche historische Erinnerungen zusammengeflossen und mehrere Bethlehemreisen zu einer einzigen verdichtet worden. Die im 2. Kapitel des Lukasevangeliums geschilderte Steuerschätzung des Quirinius, die eine Bethlehemreise Josefs und Marias veranlasst habe, habe zwar in Wirklichkeit erst mehr als zehn Jahre nach Jesu Geburt stattgefunden. Allerdings beweise sie, dass die heilige Familie Grundbesitz in Bethlehem hatte und daher auch bereits in den Tagen Herodes' des Großen mit den dortigen Steuerbehörden verhandeln musste. Bei der Abgabe solch einer früheren Steuererklärung in Bethlehem sei Jesus dort zur Welt gekommen. Auch wenn also vieles für Nazareth spricht – eine Geburt Jesu in Bethlehem ist damit immerhin nicht ausgeschlossen.

5. Abenteuerliche Geschichten aus der Kindheit Jesu

Was unternahm Jesus in seiner Kindheit? Die neutestamentlichen Schriften zeigen kein ausgeprägtes Interesse an dieser Frage und wissen dementsprechend wenig darüber zu berichten. Die Evangelien des Markus und des Johannes lassen ihre Schilderung von Jesu Erdenwirken damit beginnen, dass er sich als erwachsener Mann zu Johannes in die Wüste aufmacht und von ihm taufen lässt. Das Evangelium des Matthäus erzählt zwar von der Geburt Jesu, dem angeblichen Kindermord des Herodes in Bethlehem und der dadurch hervorgerufenen Flucht der heiligen Familie nach Ägypten, doch klafft danach auch bei ihm eine bis zur Taufe durch Johannes reichende Lücke im Leben Jesu. Der Evangelist Lukas vermag mit seiner Erzählung vom zwölfjährigen Jesus im Tempel, die im Anschluss an die Weihnachtsgeschichte geboten wird, zumindest eine Episode aus der Kindheit Jesu zu berichten.

Diese Lücke im Leben Jesu rief geradezu nach Auffüllung, um die natürliche Wissbegierde über die im Dunkeln liegenden Lebensabschnitte Jesu zu befriedigen. Man wollte bald mehr darüber erfahren, wie sich Kindheit und Jugend des Gottessohns gestaltet hatten. Dabei bot sich den Erzählern genügend Raum für fromme Fantasie und abenteuerliche Spekulation. Das Ergebnis sind sogenannte Kindheitsevangelien, die von der Bibel nicht gelieferte Informationen über die heilige Familie geben und die Kindheit Jesu wunderbar ausschmücken. Da ihr geschichtlicher Wert sich gegen null bewegt und sie in theologischer Hinsicht über weite Strecken nicht unbedenklich sind, fanden die Kindheitsevangelien zu Recht keine Aufnahme in den Bibelkanon. Vereinzelt wurden sie sogar ausdrücklich als häretisch gebrandmarkt und verboten. Dies änderte allerdings nichts daran, dass sie sich größter Beliebtheit erfreuten und einen beträchtlichen Einfluss auf die Volksfrömmigkeit wie auch die Kunst ausübten.

Die bedeutendsten Werke dieser Art sind das Protevangelium („Erstevangelium") des Jakobus und das Kindheitsevangelium des Thomas (das nicht mit dem bekannteren Thomasevangelium aus Nag Hammadi zu verwechseln ist). Beide Schriften sind in der zweiten Hälfte des 2. Jahrhunderts entstanden. Das Protevangelium des Jakobus gibt sich als Werk des Bruders Jesu aus und unternimmt den Versuch, die Spannungen zwischen den Weihnachtsgeschichten des Matthäus und Lukas zu glätten. Das Hauptinteresse der Schrift gilt aber Maria, über die bis dahin gänzlich unbekanntes Material geliefert wird. Wir lernen ihre Familie kennen, hören von den wunderbaren Umständen ihrer Zeugung und erfahren Details aus ihrer Jugend. Der Fokus liegt aber auf dem Dogma der Jungfrauengeburt, das gegen alle Zweifel abgesichert werden soll und um den Gedanken der immerwährenden Jungfräulichkeit bereichert wird. Die wunderbare Empfängnis Jesu wird durch die nun bei der Geburt in Bethlehem anwesende Hebamme bezeugt. Später vergewissert sich eine kleingläubige Frau namens Salome durch eine eingehende Untersuchung Marias, dass deren Jungfräulichkeit nach wie vor besteht. In der Erzählung von der Eheschließung Marias mit dem alleinerziehenden Witwer Josef gelten die im Neuen Testament bezeugten Geschwister Jesu als Kinder aus einer früheren Ehe Josefs. Diese Erzählungen stehen im Zusammenhang mit der Vorstellung einer immerwährenden Jungfräulichkeit der Gottesmutter vor, während und nach der Geburt Jesu, wie sie 553 vom Konzil in Konstantinopel zum Dogma erhoben wurde und bis heute die Marienfrömmigkeit prägt.

Während das Protevangelium des Jakobus die Geschichte von den Anfängen Jesu mit dem angeblichen Kindermord von Bethlehem enden lässt, liefert das Kindheitsevangelium des Thomas Momentaufnahmen aus dem Leben des fünf- bis zwölfjährigen Jesus. Es zeigt den göttlichen Knaben beim Vollbringen abenteuerlichster Wunder und beim Disput mit gestandenen Lehrern, denen er eindrucksvoll seine geistige Überlegenheit demonstriert. Das Jesusbild erweist sich dabei als höchst problematisch. Beim Versuch, den kleinen Jesus als allmächtiges Wunderkind zu zeichnen, nimmt dieser die Züge eines rabiaten Bengels an, der von seiner Umgebung gefürchtet wird und den Eltern als unheimlich erscheint. Die abenteuerlichen Wunder des Jesusknaben sind ungleich spektakulärer als die in den Evangelien geschilderten Machttaten des erwachsenen Mannes. Dabei begegnen auch höchst problematische Selbsthilfe- und Rachewunder, wie sie in der Evangelienüberlieferung keine Entsprechung haben.

Die Wunder beginnen damit, dass der fünfjährige Jesus aus Lehm zwölf Vögel formt, die auf sein Klatschen hin lebendig werden und davonfliegen. Spielkameraden, die ihn ärgern, lässt der Wunderknabe verdorren oder tot umfallen. Als sich die betroffenen Eltern vehement bei Maria und Josef beschweren, vollbringt Jesus ein weiteres Strafwunder und nimmt ihnen das Augenlicht. Auch nachdem ihm Josef kräftig die Ohren gerupft hat, lässt er sich noch lange damit Zeit, alle unter seinen Fluch gefallenen Personen wieder zu heilen oder ins Leben zurückzuholen. Später erweckt der kleine Jesus einen vom Dach heruntergefallenen Spielkameraden, ein an schwerer Krankheit verstorbenes Nachbarskind und einen tödlich verunglückten Bauarbeiter wieder zum Leben. Einen verblutenden Mann, der sich beim Holzspalten mit der Axt den Fuß zertrümmert hat, heilt er durch bloße Berührung des verletzten Körperteils. Seinen Bruder Jakobus kuriert er vom tödlichen Biss einer Natter, wobei er die Schlange nur anzuhauchen braucht, um sie zerplatzen zu lassen. Als Josef beim Ausführen eines lukrativen Auftrages aus Versehen ein Brett zu kurz gesägt hat, stellt auch dies kein Problem für seinen Knaben dar, der das Holz sogleich mit bloßen Händen auf die richtige Länge zieht. Zudem verfügt Jesus über die Fähigkeit, nach Zerbrechen des Kruges das Wasser im Obergewand nach Hause zu bringen und aus einem einzigen gesäten Weizenkorn etliche Tonnen Getreide als Ernte einzufahren. In einer erweiterten griechischen Rezension der apokryphen Evangelienschrift wird darüber hinaus die Wiederbelebung eines getrockneten Fisches durch den göttlichen Knaben geschildert.

Auch im Disput mit Gelehrten erweist Jesus im Kindheitsevangelium des Thomas bald nach seinem achten Geburtstag seine übernatürlichen Fähigkeiten. Es geht darum, ihn bereits im frühesten Kindesalter im Besitz einer Weisheit zu zeigen, die den großen Gelehrten seiner Zeit unerreichbar bleibt. Seinen ersten Schulmeister Zachäus, der ihm das Alphabet beibringen will, belehrt Jesus sogleich über das Geheimnis des Buchstabens Alpha. Dabei werden dem Jesuskind kosmologische Spekulationen aus der Gnosis in den Mund gelegt. Als Jesus diese Belehrung später bei seinem Griechisch- und Hebräischlehrer wiederholt und der ihm daraufhin verärgert eine Ohrfeige gibt, lässt der Knabe ihn zur Strafe ohnmächtig zusammensinken. Der dritte Lehrer, ein Freund Josefs, unternimmt einen letzten Unterrichtsversuch, muss sich aber ebenfalls der überlegenen Klugheit des nicht einmal zwölf Jahre alten Kindes beugen.

Die ungeheure Popularität, deren sich das Kindheitsevangelium des Thomas erfreute, wird durch die Vielzahl von Übersetzungen dokumentiert. Das griechische Original wurde in die syrische, lateinische, georgische, altslawische und äthiopische Sprache übertragen. Hinzu kommen Werke wie das arabische Kindheitsevangelium, das armenische Kindheitsevangelium oder das lateinische Pseudo-Matthäusevangelium, welche die Erzählungen aus dem Kindheitsevangelium des Thomas mehr oder weniger geschlossen in ihre Darstellung von Geburt und Kindheit Jesu integrieren. Da das Kindheitsevangelium des Thomas eine Sammlung locker miteinander verbundener Einzelgeschichten darstellt, liegt es in der Natur der Sache, dass im Verlauf der Überlieferungsgeschichte neues Material hinzukam. Dabei wurden vor allem weitere Wundergeschichten eingefügt. Das arabische Kindheitsevangelium lässt die Wunder Jesu schon im Säuglingsalter in Ägypten beginnen. Es berichtet davon, dass die Windeln des göttlichen Kindes einen kranken Knaben heilten, sein Waschwasser ein Mädchen vom Aussatz befreite und aus seinem Schweiß Heilbalsam gewonnen wurde. Im Kindesalter vollbringt der kleine Jesus auch ein Farbenmirakel, indem er einem Färber aus Boshaftigkeit alle Tücher in einen Kessel mit Indigo wirft, um nach dessen lauter Klage jedes Tuch in der von den Kunden gewünschten Farbe herauszuziehen. Zudem verfügt er über die Fähigkeit, sich vor ihm versteckende Spielkameraden zur Strafe vorübergehend in Ziegenböckchen zu verwandeln. In lateinischen Handschriften des Pseudo-Matthäusevangeliums, die das Kindheitsevangelium des Thomas als Anhang mit aufnehmen, begibt sich der achtjährige Jesus auch in eine Löwengrube, um dann mit dem gesamten Löwenrudel trockenen Fußes den sich teilenden Jordan zu durchschreiten.

Nicht ohne Grund attestieren Bibelwissenschaftler wie etwa Philipp Vielhauer dem Kindheitsevangelium des Thomas immer wieder einen unbeschreiblich einfältigen Darstellungsstil, eine banale Theologie und erschreckende Züge im Jesusbild. Mit seinen abenteuerlichen Wundern erscheine Jesus dort als jähzorniger, schimpfender und bösartiger Bengel, während er im Disput mit seinen Lehrern als altkluges, unerzogenes und arrogantes Bürschchen auftrete, kurzum als ein höchst gefährliches kleines Wesen erscheine, das in seiner Umgebung Furcht und Befremden auslöse. Die Kindheitsevangelien sind anschauliche Beispiele dafür, wie in der antiken Volksfrömmigkeit alle möglichen Wunderlegenden wahllos und ohne theologische Reflexion auf Jesus übertragen wurden, um diesen bereits in seiner frühesten Kindheit mit göttlichen Zügen auszustatten. Je verblüffender und spektakulärer ein Wunder ist, desto größeren Gefallen finden die Autoren dieser apokryphen Evangelienschriften daran, ohne auch nur einen Gedanken an die Problematik und Fragwürdigkeit der von ihnen aufgegriffenen Erzählungen zu verschwenden. Den Geschmack der breiten Massen hat diese Jesusdarstellung aber offenkundig bestens bedient, wie ihre immense Verbreitung in verschiedensten Sprachen und die vielfältige Wirkungsgeschichte eindrucksvoll beweisen. Die Geschichten des Kindheitsevangeliums des Thomas erfreuten sich nicht nur in christlichen Kreisen großer Beliebtheit, sondern wurden auch von Außenstehenden mit Begeisterung weitererzählt. Das Vogelwunder floss über das arabische Kindheitsevangelium in den Koran ein (Sure 3,49) und wurde so ein fester Bestandteil des muslimischen Jesusbildes. *Aufnahme im Koran*

6. Jesus in Indien –
    ein modernes Märchen

Das Kindheitsevangelium des Thomas und seine Ableger
schließen, wie wir gesehen haben, mit ihren abenteuerlichen
Geschichten die Lücke im Leben Jesu, die zwischen der Geburt und dem Auftreten des zwölfjährigen Knaben im Tempel klafft. Danach betritt Jesus in der Evangelienüberlieferung
erst wieder die Bühne, als er im Alter von etwa dreißig Jahren
zu Johannes in die Wüste zieht, um sich von ihm taufen zu
lassen. Was Jesus zwischen dreizehn und dreißig unternahm,
hat in der Antike offenbar niemanden ernsthaft interessiert.
Diesen Umstand machten sich im 19. und 20. Jahrhundert verschiedene Autoren zunutze, um durch pseudowissenschaftliche Hypothesen und teils auch unter Verwendung dreister
Fälschungen jene gänzlich unbekannten Jahre im Leben Jesu
zu erhellen, die auch von der apokryphen Legendenbildung
des frühen Christentums nicht aufgefüllt worden waren. Dies
verbindet sich mit dem Interesse, den Mann aus Nazareth als
Verbreiter östlicher Weisheitslehren zu porträtieren und die
typisch jüdischen Züge seiner Verkündigung herunterzuspie-
len. Besonders hoch im Kurs steht dabei ein Aufenthalt Jesu
in Indien. Daneben wurde aber auch Ägypten als Ursprungs-
ort seiner Weisheit ins Spiel gebracht.

Ein Werk, das im frühen 20. Jahrhundert die Gemüter
erhitzte, das heute aber kaum noch jemand kennt, ist der
Benanbrief. Im Jahr 1910 trat Ernst Edler von der Planitz,
ein Landadeliger aus Mecklenburg, mit einem auf den ersten
Blick sensationellen Fund an die Öffentlichkeit. Er präsentierte die Übersetzung einer koptischen Papyrusrolle mit einem
ursprünglich einmal auf Griechisch geschriebenen Brief aus

46

der Zeit um 83 n. Chr. Dieses Schreiben ist an den Rhetor und ehemaligen kaiserlichen Geheimsekretär Straton gerichtet. Verfasst haben will es der ägyptische Arzt Benan, der sich als Jugendfreund Jesu bezeichnet. Ausgangspunkt des Ganzen ist die matthäische Weihnachtsgeschichte, der zufolge Jesus sich eine Zeit lang in Ägypten aufhielt, nachdem die heilige Familie in Bethlehem vor den Schergen des Herodes geflüchtet war. Daraus hatten bereits der griechische Philosoph Celsus und die antike jüdische Tradition die Legende von der Einweihung Jesu in ägyptische Magie gesponnen. Der Benanbrief weiß nun zu berichten, dass Jesus schon im Kindesalter von einem ägyptischen Astronomen unterwiesen wurde und als Zwölfjähriger **Benan-brief** im Anschluss an seinem spektakulären Auftritt im Tempel erneut von der Sehnsucht nach dem Nilland übermannt wurde, um mit weitreichenden Folgen für seine geistige Entwicklung dorthin zurückzukehren. Es wird anschaulich erzählt, wie Jesus als junger Mann in Ägypten die wissenschaftliche Heilkunst erlernt, tiefsinnige Gespräche mit dem großen Gelehrten Philo von Alexandria führt und den Verlockungen der Liebe widersteht, um dann im Alter von knapp dreißig Jahren in das jüdische Mutterland zurückzukehren und am Kreuz zu enden. Das in Kreisen von Anthroposophen, Okkultisten und Freimaurern begeistert aufgenommene Dokument wurde allerdings schon bald nach seiner Präsentation als moderne Fälschung entlarvt. Sein primäres Anliegen besteht darin, Jesus als gebildeten Weltbürger und religiösen Freigeist zu präsentieren, der durch die ägyptische Kultweisheit seine maßgebliche Prägung erfahren hat und das Ideal vollendeter Sittlichkeit verkörpert.

Noch beliebter, aber nicht minder an den Haaren herbeigezogen sind die Mutmaßungen über einen Aufenthalt des jugendlichen Jesus in Indien. Der damit einhergehende Versuch, Jesus geistig im Buddhismus zu verorten, übt nicht zuletzt auf

esoterische Kreise eine geradezu magnetische Anziehungskraft aus. Die Grundlage aller Spekulationen in dieser Rich-
tung ist das immer wieder neu aufgelegte Werk *Die Lücke im
Leben Jesu*, das der vom Judentum zum russisch-orthodoxen
Glauben konvertierte Abenteurer Nikolas Notowitsch 1894
in Paris publizierte. Er lässt Jesus im Jugendalter nach Indien
ziehen und bei Brahmanen wie Buddhisten in die Lehre gehen.
Als Beleg führt er alte Handschriften an, die er während seiner
1887 unternommenen Orientreise in einem der Klöster Tibets
entdeckt haben will. In den betreffenden Dokumenten, deren
Originale angeblich aus den ersten beiden Jahrhunderten datieren, geht es um den großen Propheten Issa (Jesus), der als
Inkarnation Buddhas die wahre Religion in der ganzen östlichen Welt verbreitet haben soll. Geboren ist der göttliche Knabe Issa im fernen Israel, wo er bereits als Kind sein Elternhaus
zum Mittelpunkt hochgeistiger Gespräche mit reichen und
vornehmen Leuten macht. Mit vierzehn Jahren begleitet er
eine Handelskarawane von Jerusalem auf der Seidenstraße bis
in das Gebiet des Indus und schlägt dort seine Zelte auf, um
durch die intensive Begegnung mit fernöstlicher Weisheit zur
Vollkommenheit zu gelangen. Zunächst lässt er sich sechs Jahre von den Brahmanen im Hinduismus unterweisen, bevor er
sich mit seiner Kritik am strengen Kastensystem deren Zorn
zuzieht und die Flucht ergreifen muss. So durchwandert der
Prophet Issa den Himalaya bis nach Nepal, wo er sich weitere sechs Jahre dem Studium buddhistischer Schriften widmet.
Seine Verkündigung ist durch Parteinahme für die Schwachen
und Unterdrückten gekennzeichnet. Als Wanderprediger begibt er sich über Persien zurück nach Palästina, um auch sein
Geburtsland in den Genuss jener Lehren kommen zu lassen,
die zur Vollkommenheit und zum höchsten Glück führen.

Die angeblichen Dokumente mit der Lebensbeschreibung
und den buddhistischen Lehren des Propheten Issa sind ver-

schollen. Sie entziehen sich damit einer wissenschaftlichen Untersuchung, die gesicherte Ergebnisse über Alter und Herkunft liefern könnte. Wirklich existiert haben sie wohl nie. Alle Indizien deuten darauf hin, dass sie sich allein der Einbildungskraft von Nikolas Notowitsch verdanken, dessen Reiseerinnerungen mit der Schilderung der Entdeckungsgeschichte der Texte in allen zentralen Punkten der kritischen Überprüfung nicht standgehalten haben.

Als Fälschung erwies sich auch das 1901 von dem englischen Geistlichen Gideon J. R. Ouseley veröffentlichte *Evangelium des vollkommenen Lebens*, das eine ähnliche Stoßrichtung verfolgt. In diesem Werk begegnet Jesus nicht nur als buddhistisch inspirierter Verkünder der Reinkarnation, sondern auch als Tierfreund und strenger Verfechter des Vegetarismus. Im Vorwort der Erstausgabe behauptet Ouseley, dieses alte Evangelium eigenhändig aus dem Aramäischen übersetzt zu haben. Es stamme aus einem buddhistischen Kloster in Tibet, wohin die Essener es einst in Sicherheit gebracht hätten. In einem Brief von 1897 hatte Ouseley dagegen noch davon gesprochen, dass ihm das Evangelium des vollkommenen Lebens in einer spirituellen Sitzung durch übersinnliche Eingebung zuteilgeworden sei, wobei ein Medium sogleich die englische Übersetzung geliefert habe. Inhaltlich deckt sich das aus 96 Kapiteln bestehende Werk über weite Strecken mit den biblischen Evangelien. Diese werden aber um theosophisch angehauchte Lehren bereichert, mit denen Jesus in jungen Jahren in Ägypten und Indien in Berührung gekommen sein soll. Dazu zählen der Glaube an die Wiedergeburt der Seele, die Idee der allumfassenden Einheit des göttlichen Lebens in sämtlichen Wesen der Schöpfung und die daraus abgeleitete Forderung, auf Blutopfer und Fleischverzehr zu verzichten. In theosophischen und esoterischen Kreisen wie auch bei Tierschutzorganisationen gilt das Evangelium des vollkommenen Lebens vielfach als das Urevangelium und die eigentliche Grundlage des Neuen Testaments. Dabei wird die haltlose Behauptung in den Raum gestellt, die im Evangelium des vollkommenen Lebens über die biblischen Evangelien hinaus gebotenen Lehren Jesu seien auf dem Konzil von Nizäa gestrichen worden, da sie das Missfallen der christlichen Orthodoxie erregt hätten.

Populärwissenschaftliche Publikationen greifen immer wieder gerne auf die beliebte Legende vom Propheten Issa und auf das *Evangelium des vollkommenen Lebens*, aber auch auf vergleichbare neuzeitliche Fälschungen wie das sogenannte Friedensevangelium der Essener oder das Wassermannevangelium zurück, um das Bild vom buddhistisch inspirierten Jesus am Leben zu erhalten und um neue Facetten zu bereichern. Parallelen zwischen der Verkündigung Jesu und den Lehren Buddhas, wie sie vor allem in den ethischen Weisungen der Bergpredigt in gewissem Umfang gegeben sind, werden verabsolutiert und um haltlose Fantasien bereichert, denen zufolge sich Jesus nicht nur vor der Taufe durch Johannes, sondern auch nach der Kreuzigung in Indien aufhielt. Anschauliche Beispiele dafür bieten Holger Kerstens Bestseller *Jesus lebte in Indien* und Siegfried Obermeiers Werk *Starb Jesus in Kaschmir?*, die beide 1983 erschienen und in den Grundthesen nahezu deckungsgleich sind.

Holger Kersten suggeriert zunächst, dass es sich bei den Magiern aus dem Morgenland um Weise aus Indien gehandelt habe, die im Jesuskind die Reinkarnation Buddhas erkannt hätten. Nachdem die heilige Familie aus Judäa in das benachbarte Ägypten geflohen war, sei Jesus schon im frühesten Kindheitsalter in Alexandria in die Lehren der östlichen Philosophie eingeführt worden. Im Blick auf einen ersten Indienaufenthalt Jesu im Jugendalter schließt sich der Autor vorbehaltlos den Spekulationen von Notowitsch an. Die nach der Rückkehr aus Indien erfolgte Taufe Jesu durch Johannes vergleicht er mit der buddhistischen Mönchsweihe. Durch sie habe Jesus als Novize Aufnahme in den Essenerorden gefunden, dessen Lehren deutliche Verbindungen zu buddhistischen Vorschriften erkennen ließen. Eine neue Dimension erfährt die These von Jesus in Indien allerdings durch die Behauptung, Jesus habe nach der Kreuzigung noch mehrere Jahrzehnte in Kaschmir verbracht und sei dort im Alter von über achtzig Jahren gestorben. Auch mit diesen Erwägungen knüpft Kersten an ein mehr als fragwürdiges Werk des ausgehenden 19. Jahrhunderts an, nämlich das Buch *Jesus in India* von Mirza Ghulam Ahmad aus dem Jahr 1899, in dem die Theorie von Jesu Tod in Srinagar, der Metropole Kaschmirs, erstmals entfaltet wird. Ahmad berief sich dabei auf eine Offenbarung, die ihm von Allah zuteilgeworden sei.

(handschriftliche Randnotiz: Aufnahme im Essener-Orden)

Als Beweis dafür, dass Jesus die Kreuzigung überlebte, dient Kersten neben dem Grabtuch von Turin – die Blutspuren darauf stammten nämlich von einem Lebenden – auch der Koran, nach dessen Darstellung eine andere Person an Jesu Stelle ans Kreuz ging. Kreuzestod und Auferstehung Jesu werden bei Kersten als geschickte Inszenierung ausgegeben, die von langer Hand vorbereitet war. Drahtzieher sollen zwei aus dem Neuen Testament bekannte Personen gewesen sein, nämlich der Ratsherr Josef von Arimathäa und der Pharisäer Nikodemus. Der die Kreuzigung überwachende römische Soldat habe ebenfalls zur geheimen Anhängerschaft Jesu gehört und sich an dem konspirativen Unternehmen beteiligt, indem er dem am Kreuz hängenden Jesus einen schmerzstillenden und narkotisierenden Opiumtrank verabreichte. Bei der vorgetäuschten Bestattung Jesu hätten Essener, deren Orden Jesus nach der Rückkehr von der ersten Indienreise angeblich angehörte und immer noch nahestand, den bewusstlos vom Kreuz abgenommenen Körper in das mit Heilessenzen präparierte Grabtuch gelegt, um ihn im Schutz der Grabhöhle einer Heil-

(handschriftliche Randnotiz: Kreuzestod u. Auferstehung Jesu als Inszenierung)

behandlung zu unterziehen. Während der Opiumtrank den scheinbar am Kreuz Gestorbenen tief habe schlafen lassen, habe die medizinische Packung mit der riesigen Kräutermenge die Wundheilung beschleunigt.

Die These, dass Jesus nur scheintot war und von Essenern gesund gepflegt wurde, begegnet bereits im 18. Jahrhundert bei dem rationalistischen Theologen Carl Friedrich Bahrdt. Große Verbreitung fand sie durch den 1849 ans Licht der Öffentlichkeit getretenen und angeblich auf einen Augenzeugen des Kreuzigungsgeschehens zurückgehenden Essäerbrief, der aus der berühmten Bibliothek von Alexandria stammen soll, sich aber schon nach kurzer Zeit als neuzeitliche Fälschung erwies. Während Jesus laut diesem Dokument sechs Monate nach der Kreuzigung an den Spätfolgen der Foltern stirbt, lässt Kersten ihn noch Jahrzehnte des unbeschwerten Lebens genießen. Bei seinen Erscheinungen nach Ostern soll Jesus versucht haben, den nicht in die Rettungsaktion eingeweihten und daher entsetzten Jüngern mit aller Eindringlichkeit zu beweisen, dass sein Körper nach wie vor vollkommen irdischer Natur sei. Auf dem Weg nach Osten sei Jesus vor Damaskus noch dem Apostel Paulus begegnet, bevor ihm in der römischen Provinz Syrien der Boden unter den Füßen zu heiß wurde und er sich über Persien nach Kaschmir absetzte. Als letzte Ruhestätte Jesu wird das in der Altstadt von Srinagar gelegene Grab des Yuz Asaf betrachtet, bei dem es sich nicht um einen muslimischen Heiligen, sondern um Jesus von Nazareth gehandelt habe.

Man könnte diese abenteuerlichen Spekulationen über Jesus in Indien mit einem Schmunzeln als Produkt blühender Fantasie abtun, wenn sie nicht von vielen Menschen für bare Münze genommen würden. Erschwerend kommt der Sachverhalt hinzu, dass sie latent oder offen Züge tragen, die sich gegen das Judentum richten. Dies geht zwar zum Glück nur vereinzelt so weit wie bei dem französischen Theosophen Ernest Bosc, der 1902 aus seiner Rekonstruktion des esoterischen Lebens Jesu und der orientalischen Ursprünge des Christentums den Schluss zog, dass Jesus kein Semit, sondern ein Arier gewesen sei. Im Gegensatz zu Nikolas Notowitsch unternimmt aber die Mehrzahl seiner Nachahmer den Versuch, Jesus geistig außerhalb der religiösen Welt des traditionellen Judentums zu verorten, dem in gänzlich verzerrter Wahrnehmung ein kleingeistiges, verknöchertes und blutrünstiges Denken unterstellt wird. Damit sind die Voraussetzungen dafür geschaffen, den in Wirklichkeit tief in den religiösen Traditionen des antiken Judentums verwurzelten Mann aus Nazareth in der geistig scheinbar so viel höheren Sphäre des Buddhismus anzusiedeln, als Offenbarer esoterischer Erlösungslehren in Anspruch zu nehmen und zum Verfechter des Vegetarismus zu erheben. Bei Holger Kersten geht diese Herauslösung aus dem Judentum so weit, dass die Verkündigung Jesu gezielt von der Religion der semitischen Stämme abgesetzt und in völlig haltloser Weise sogar seine Beschneidung in Abrede gestellt wird.

Grab des Yuz Asaf in Srinagar
(Kaschmir)

7. Das geheime Markusevangelium –
Jesu Nacht mit dem nackten Jüngling

Das geheime Markusevangelium hat immer wieder Anlass zu Spekulationen gegeben, dass Jesus sich magischer Praktiken bediente, esoterische Geheimlehren verbreitete und womöglich sogar homosexuelle Riten vollzog. Entdeckt wurden die Fragmente einer bis dahin unbekannten Fassung des Markusevangeliums von dem an der Columbia University in New York tätigen Gelehrten Morton Smith (1915–1991). Dieser hielt sich 1958 zu Forschungszwecken im orthodoxen Wüstenkloster Mar Saba in der Nähe von Jerusalem auf. In einer holländischen Ausgabe der Briefe des frühchristlichen Bischofs und Märtyrers Ignatius von Antiochia aus dem Jahr 1646 fand Smith nach eigenem Bekunden auf den unbedruckten letzten Blättern einen handschriftlichen Text, der auf der dritten Seite mitten im Satz abbricht und dem Schriftbild nach in das 18. Jahrhundert gehört. Dieses Manuskript entpuppte sich bei genauerem Hinsehen als Abschrift eines Schreibens, das der große ägyptische Kirchenlehrer Clemens von Alexandria um 200 an einen gewissen Theodorus gerichtet hatte. Darin wird aus einem geheimen Markusevangelium zitiert, welches die gnostische Gruppierung der Karpokratianer in ihren Besitz gebracht und durch Zusätze verfälscht habe.

Morton Smith hielt den sensationellen Fund lange Zeit unter Verschluss. Erst im Jahre 1973 kam es zur Veröffentlichung des Textes durch seinen Entdecker. Die besagte Druckausgabe der Ignatiusbriefe wurde danach vom Kloster Mar Saba in die Bibliothek des griechisch-orthodoxen Patriarchats in Jerusalem überführt. Nachdem Morton Smith den handschriftlichen Zusatz bereits 1958 abgelichtet hatte, erstellte man dort 1976 nochmals Fotografien. Die Seiten mit dem Clemens-Brief sind dann zu Konservierungszwecken aus dem Buch herausgetrennt worden und gelten seither als verschollen. Die wissenschaftliche Untersuchung des umstrittenen Dokumentes kann sich damit ausschließlich auf Fotografien stützen. Es lässt sich beispielsweise keine chemische Analyse der Tinte durchführen, die Aufschluss darüber geben könnte, ob der handschriftliche Zusatz tatsächlich aus dem 18. Jahrhundert stammt oder nicht vielmehr auf einen Fälscher des 20. Jahrhunderts zurückgeht. Angesichts der merkwürdigen Begleitumstände des Handschriftenfundes und seiner lange hinausgezögerten Publikation wurde Smith, dessen Sinn für skurrilen Humor notorisch war, immer wieder zugetraut, dass er den im Original nicht mehr auffindbaren Text vollständig gefälscht haben könnte, um die Fachwelt genüsslich an der Nase herumzuführen.

Zwei neuere Abhandlungen versuchen dies zu untermauern. Stephen C. Carlson bemüht sich in seinem Buch *The Gospel Hoax* von 2005 um den Nachweis, dass die Sprache des geheimen Markusevangeliums Umschreibungen für Sexualität bzw. Homosexualität verwende, wie sie in den 1950er Jahren verbreitet waren, sich dem Verständnis antiker Leser aber nicht erschlossen hätten. Es handele sich um eine Fälschung, zu der nur Smith in der Lage gewesen sei. Zudem habe Smith bereits in einer Publikation von 1951 das „Geheimnis des Reiches Gottes" mit verbotenen sexuellen Beziehungen in Verbindung gebracht und damit Jahre vor der angeblichen Entdeckung des geheimen Markusevangeliums einen seiner zentralen Inhalte thematisiert. Smith habe den Brief in Nachahmung des für Clemens von Alexandria typischen Stils und in Imitation der griechischen Schrift des 18. Jahrhunderts entworfen, um sich selbst zu bestätigen, die Gelehrtenwelt aufs Glatteis zu führen und das fromme Establishment mit dem Blick auf einen ganz anderen Jesus in seiner Selbstgefälligkeit zu erschüttern. Die 2006 erschienene Untersuchung *The Secret Gospel of Mark Unveiled* von Peter Jeffery stellt dagegen die Theorie auf, dass Smith das Dokument unter Verwendung von Motiven aus Oscar Wildes *Salomé* gefälscht habe, um das christliche Ideal monogamer Heterosexualität lächerlich zu machen.

Wer sich ernsthaft auf das geheime Markusevangelium einlässt, läuft demnach immer Gefahr, einem Windei aufzusitzen. Auch mit den Untersuchungen von Carlson und Jeffery ist allerdings noch nicht das letzte Wort in der Sache gesprochen. Vorherrschend ist nach wie vor die Meinung, dass es sich um einen tatsächlichen Handschriftenfund und ein authentisches Zeugnis des Clemens von Alexandria handelt. Vermutlich im 18. Jahrhundert hat wohl ein Mönch des Klosters den Brief des Clemens handschriftlich kopiert und dazu, wie es angesichts der damaligen Papierknappheit nicht unüblich war, die unbeschriebenen Blätter in einem Buch der Klosterbibliothek genutzt.

Der altkirchlichen Tradition zufolge hat Markus sein Evangelium in Rom verfasst. Später soll er sich nach Alexandria in Ägypten begeben haben und dort den Märtyrertod gestorben sein. Aus dem Brief des Clemens an Theodorus geht nun hervor, dass in Alexandria eine „geistlichere" Fassung des Markusevangeliums kursierte, die sorgsam behütet und nur einem exklusiven Kreis der in die großen Geheimnisse Eingeweihten zugänglich gemacht wurde. Dieses Werk habe Markus persönlich als erweiterte Fassung seines in Rom entstandenen Evangeliums geschaffen. Dem Häretiker Karpokrates sei es gelungen, mit unlauteren Mitteln in den Besitz einer Kopie des geheimen Markusevangeliums zu gelangen und es durch blasphemische Zusätze zu beschmutzen. Insgesamt ist also bei Clemens von drei unterschiedlichen Evangelienschriften des Markus die Rede. Das biblische Markusevangelium wurde in Alexandria durch Aufnahme weiterer Traditionen zu einem geheimen Markusevangelium ausgestaltet. Dieses wiederum geriet in die Hände des Karpokrates und wurde von ihm um weitere Zusätze bereichert. Bei Karpokrates handelt es sich um einen aus Alexandria stammenden Gnostiker des frühen 2. Jahrhunderts, der zum Schulhaupt der nach ihm benannten Gruppierung der Karpokratianer wurde. Er vertrat eine vom Platonismus inspirierte Seelenwanderungslehre und betrachtete die Erschaffung der Welt als Machwerk niederer Engel. Wie andere Gnostiker wurden auch die Karpokratianer von den Kirchenvätern als Häretiker bekämpft und dabei obskurer magischer Praktiken sowie wilder sexueller Ausschweifungen bezichtigt.

Theodorus, der Empfänger des Briefes mit den Informationen über die geheime Evangelienschrift, hatte offenkundig einen Fragenkatalog an Clemens gerichtet. Dabei ging es um das Problem, ob bestimmte Passagen des von den Karpokratianern benutzten Evangeliums ein tatsächlicher Bestandteil des in Alexandria kursierenden geheimen Markusevangeliums waren oder nachträgliche Fälschungen darstellten. In seiner Antwort, soweit sie uns erhalten ist, zitiert Clemens zwei Passagen aus dem geheimen Markusevangelium. Zwischen Markus 10,34 und 10,35 bot das geheime Markusevangelium demnach die auch in das Johannesevangelium eingeflossene Geschichte von der Erweckung eines Mannes in Bethanien. Dieser trägt allerdings nicht wie in Johannes 11 den Namen Lazarus, sondern wird mit dem reichen Jüngling aus Markus 10 identifiziert und gilt gleichzeitig als der geliebte Jünger Jesu. Nach sechs Tagen, so fährt der Bericht der geheimen Evangelienschrift fort, kam der Jüngling nur mit einem Leinentuch bekleidet zu Jesus, blieb über Nacht bei ihm und wurde in das Geheimnis des Reiches Gottes eingewiesen. Bei diesem geheimnisvollen Ritual dürfte es um eine nackt vollzogene Taufe gehen, ohne dass es sich um einen homosexuellen Akt handelte. Zudem hat das geheime Markusevangelium laut Clemens in Markus 10,46 nach der Notiz vom Einzug Jesu in Jericho hinzugefügt: „Und die Schwester des Jünglings, den Jesus liebte, und seine Mutter und Salome waren dort, und Jesus empfing sie nicht." Alle anderen Dinge, die Theodorus darüber hinaus als mögliche Bestandteile des geheimen Markusevangeliums benannt habe, seien Fälschungen. Insbesondere eine Passage aus dem Markusevangelium des Karpokrates weist Clemens energisch zurück. Die Worte „nackter (Mann) mit nacktem (Mann)" und die anderen Dinge, über die Theodorus geschrieben habe, seien in dem geheimen Markusevangelium von Alexandria nicht zu finden. Offenkundig hatten die Karpokratianer diesen Passus und rätselhaft bleibende andere Dinge hinzugefügt, um die nächtliche Einweihung des nackten Jünglings in die Geheimnisse des Gottesreichs als homosexuellen Ritus zu kennzeichnen, bei dem die göttlichen Kräfte des Täufers unmittelbar in den Täufling hinüberfließen.

In der Diskussion um das geheime Markusevangelium aus Alexandria geht es neben der Echtheitsfrage in erster Linie um das Problem, ob diese Schrift ein zuverlässigeres Bild von Jesus vermittelt, als die biblischen Texte es tun. Morton Smith selbst zog aus seiner Entdeckung weitreichende Konsequenzen für das Verständnis des geschichtlichen Jesus. Er vertrat die Auffassung, das geheime Markusevangelium aus Alexandria gehe auf ein aramäisches Original zurück, welches sowohl Markus als auch Johannes benutzt hätten. Damit habe das geheime Dokument eine ältere Tradition bewahrt als die kanonischen Evangelien. In der nächtlichen Begegnung mit dem nackten Jüngling sah Smith den Beweis für eine magisch-esoterische Taufpraxis Jesu. Dieser habe in einem geheimen nächtlichen Weiheakt zumindest einzelne seiner Jünger in Techniken hypnotischer Suggestion unterwiesen, mit denen sie sich nach Art von Magiern oder Schamanen auf ekstatische Himmelsreisen begeben konnten. Durch den Ritus des Abendmahls, der sich aus alter erotischer Magie ableite, habe Jesus zudem seinen Anhängern das Gefühl vermittelt, seinen Leib zu essen und sein Blut zu trinken, um spirituell wie körperlich mit ihm vereint zu sein. Auf diese Weise habe er sich zum Mittelpunkt eines ethisch freizügigen Kreises gemacht. Die von den Kirchenvätern als Häresie bekämpfte karpokratianische Gnosis sei lediglich eine mit platonischer Philosophie angereicherte Weiterentwicklung jener geheimen Lehren und Praktiken, die kein Geringerer als Jesus selbst ins Leben rief.

In seinem 1978 erschienenen und drei Jahre später auch ins Deutsche übersetzten Buch *Jesus the Magician* suchte Smith dann, vom geheimen Markusevangelium inspiriert, unter Heranziehung weiterer Quellen das in sich stimmige und glaubwürdige Bild einer Magierlaufbahn Jesu zu rekonstruieren. Unter Magie wird dabei eine erlernbare Technik verstanden, die im Wesentlichen aus Hypnose, Schauspielerei und Pharmakologie bestehe. Alle Komponenten seien bei Jesus als einem vom Geist besessenen Magier wiederzufinden. Dass sich in der Bibel nur in begrenztem Umfang Hinweise auf magische Praktiken Jesu finden, hält Smith für bedeutungslos. An diesem Punkt kommt nämlich die These vom unterdrückten Beweismaterial ins Spiel: Aus apologetischen Motiven seien die Evangelien einer defensiven Zensur unterworfen worden, die die magischen Züge Jesu unterdrückt habe.

Die indirekt aus den Evangelien erschlossene magische Laufbahn Jesu deckt sich weitgehend mit dem Bild, das Smith bereits vorher aus anderen antiken Quellen gewonnen hatte. Bei dem platonischen Philosophen Celsus, dessen Streitschrift gegen das Christentum bereits erwähnt wurde, ist im Anschluss an die polemischen Ausführungen zur Jungfrauengeburt von einem Ägyptenaufenthalt Jesu zum Erwerb von

Zauberkünsten die Rede. Jesus habe in Ägypten als Tagelöhner gearbeitet und den Umgang mit zweifelhaften magischen Kräften erlernt, um sich nach der Rückkehr in seine Heimat öffentlich als Gott auszugeben. Vermutlich wurde dies von den Gegnern des Christentums aus der Notiz des Matthäusevangeliums, dass die heilige Familie von Bethlehem nach Ägypten geflohen sei, herausgelesen. Später kursierte das Gerücht, Jesus habe geheime magische Formeln aus ägyptischen Tempeln entwendet. Auch im Talmud wird Jesus unter dem Decknamen Ben Stada mit ägyptischer Magie in Verbindung gebracht. Smith nimmt all dies unkritisch für bare Münze, ohne es auf seinen Wahrheitsgehalt hin zu befragen.

Neuere Untersuchungen haben gezeigt, dass sich das Erscheinungsbild Jesu in den neutestamentlichen Wundergeschichten durchaus bis zu einem gewissen Grade mit dem antiker Magier deckt und über weite Strecken auch die Wirkungsgeschichte Parallelen aufweist. Jesus teilt mit anderen herausragenden Wundercharismatikern der Antike das Schicksal, von seinen Gegnern zwielichtiger Magie bezichtigt zu werden. Dabei ist die Frage, inwieweit etwas als Magie oder als Religion eingestuft wird, in hohem Maße eine Frage des subjektiven Standpunkts und der gesellschaftlichen Machtstellung. Bevorzugt Phänomene, die nicht mit dem vorherrschenden Religions- und Wissenschaftsverständnis konform sind, werden als Magie disqualifiziert. Magie ist damit eine Form abweichenden religiösen Verhaltens und eine subversive Form sozialen Protestes. Auf diesem Hintergrund würde eine Betrachtung Jesu als Magier an sich nichts Ehrenrühriges darstellen. Morton Smith zieht allerdings völlig überzogene Schlussfolgerungen aus dem geheimen Markusevangelium und anderen antiken Quellen. Dabei wird zumindest suggeriert, dass die magischen Lehren Jesu auch mit sexueller Freizügigkeit einhergingen.

Gegenwärtig wird das geheime Markusevangelium vor allem von nordamerikanischen Bibelwissenschaftlern vereinzelt als ältere Vorstufe des biblischen Markusevangeliums betrachtet. So vertritt etwa John Dominic Crossan aus Chicago die Auffassung, das biblische Markusevangelium sei eine zensierte Version des geheimen Markusevangeliums. Die Erzählung von der Erweckung und späteren Taufe des nackten Jünglings durch Jesus sei unterdrückt worden, da die nächtliche Einweihung als erotischer Ritus missverstanden werden konnte. Mehrheitlich geht man allerdings davon aus, dass es sich bei dem geheimen Markusevangelium um eine erweiterte Fassung des kanonischen Markusevangeliums handelt. Sie dürfte im 2. Jahrhundert in Alexandria entstanden sein und erlaubt daher keine Rückschlüsse auf den geschichtlichen Jesus. Und wenn sich die geheime Evangelienschrift am Ende tatsächlich als Fälschung ihres Entdeckers entpuppen sollte, hätte sich die gesamte Diskussion ohnehin erledigt.

8. Das vermeintliche Markusfragment aus Qumran

Die Behauptung, dass ein Papyrusfragment aus der Höhle 7 in Qumran einen Textabschnitt aus dem Markusevangelium enthält, beherrscht seit den frühen 1970er Jahren die Diskussion. Wenn es tatsächlich zuträfe, dass sich unter den Schriftrollen von Qumran eine Evangelienhandschrift befand, dann wäre das in der Tat eine Sensation, und weite Teile der Geschichte des Urchristentums müssten neu geschrieben werden. Dabei geht es zum einen um die Beziehung der frühen Christen zur Gemeinschaft von Qumran und zum anderen um die Datierung des Markusevangeliums.

Das Markusevangelium ist das älteste der vier biblischen Evangelien. In der Fachwelt wird seine Entstehung gewöhnlich auf die Zeit um 70 veranschlagt. Das Textfragment aus Qumran ist dagegen rund zwanzig Jahre älter. Es trägt die offizielle Bezeichnung 7Q5, ist also das als Nummer 5 katalogisierte Dokument unter den in der Höhle 7 in Qumran gefundenen Texten. Wenn es tatsächlich Bestandteil einer Markus-Handschrift wäre, würde sich daraus zwingend ergeben, dass Markus sein Werk spätestens um das Jahr 50 herum abgeschlossen hatte. Das Markusevangelium gewänne damit erheblich an historischer Zuverlässigkeit, da seine Darstellung des Lebens Jesu in deutlich geringerem zeitlichem Abstand zu den tatsächlichen Ereignissen entstanden wäre, als dies heute in aller Regel angenommen wird. Gleichzeitig hätten wir mit 7Q5 die nun bei Weitem älteste neutestamentliche Bibelhandschrift vor uns, während bisher allgemein dem um 125 entstandenen Papyrus 52 mit Teilen des Johannesevangeliums dieser Rang zugesprochen wird. Darüber hinaus müsste man bei einer

Identifizierung von 7Q5 als Teil des Markusevangeliums enge Kontakte der Bewohner von Qumran zu Christen annehmen, wofür es sonst nicht die geringsten Indizien gibt. Schließlich wäre 7Q5 auch noch ein Beleg dafür, dass Christen sich der im Judentum allgemein gebräuchlichen Form der Schriftrolle bedienten. Die bislang entdeckten neutestamentlichen Handschriften weisen nämlich mit ganz wenigen Ausnahmen die Form des Kodex, des gebundenen Buches, auf. Allerdings spricht alles dafür, dass der Papyrusfetzen 7Q5 mit der Last, derart weitreichende Annahmen beweisen zu müssen, deutlich überfordert ist.

Die Geschichte von der Entdeckung der Qumranschriften liest sich wie ein Abenteuerroman. Im Jahr 1947 war ein Beduinenjunge am Nordwestufer des Toten Meeres in der Nähe des Ruinenplateaus Chirbet Qumran (Mondhügel) auf der Suche nach einer entlaufenen Ziege. Dabei entdeckte er im Felsen die Öffnung einer engen Höhle, in der er das Tier vermutete. Um es aufzuschrecken, warf er einen Stein hinein und hörte daraufhin ein Scheppern. Aus Furcht, er könnte in der Höhle wohnende Gespenster aufgeschreckt haben, suchte er das Weite. In Wirklichkeit hatte es sich um das Geräusch eines zerbrechenden Tonkruges gehandelt, der dem Schutz dort gelagerter Schriftrollen diente. Später siegte bei dem Beduinenjungen die Neugierde über die Angst. Er kehrte zurück, nahm die Höhle in Augenschein und leitete mit seiner Entdeckung der ersten Qumranschriften eine der größten archäologischen Sensationen des 20. Jahrhunderts ein.

In der Folgezeit wurden dann zehn weitere Höhlen in der unmittelbaren Umgebung Qumrans entdeckt. Die Zahl der dort aufgefundenen fragmentarischen Dokumente beläuft sich auf rund 800, und ungefähr 600 von ihnen lassen sich inhaltlich bestimmen. Der Erhaltungszustand der Qumrantexte ist allerdings außerordentlich schlecht: Lediglich zehn

Schriftrollen bieten mehr als die Hälfte ihres ursprünglichen Textes, und nur die große Jesajarolle aus Höhle 1 ist fast vollständig erhalten. Die Funde lassen sich grob in drei Gruppen einteilen. Sie umfassen zunächst Bücher, die als Bestandteil unseres Alten Testaments bekannt sind. Daneben wurden in den Höhlen um Qumran auch solche jüdischen Schriften entdeckt, die bei der späteren Kanonisierung der Hebräischen Bibel durch die Rabbinen keine Berücksichtigung fanden und heute zu den Apokryphen zählen. Eine dritte Gruppe machen schließlich Gemeindeordnungen, schriftgelehrte Abhandlungen und Hymnensammlungen aus, die einer elitären religiösen Gruppierung zugeordnet werden können, die sich selbst als *Jachad* (Einigung) bezeichnete. Bei dieser Gruppierung dürfte es sich um Essener gehandelt haben. Von ihnen wissen wir aus antiken Schriftstellerberichten, dass sie neben Pharisäern und Sadduzäern die dritte Religionspartei innerhalb des Judentums bildeten. Die antiken Nachrichten über die Essener stimmen bemerkenswert gut mit dem überein, was sich aus den Schriftrollen vom Toten Meer über die Lebensweise und religiöse Prägung der hinter den Texten stehenden Gemeinschaft entnehmen lässt.

Unmittelbar nach der Entdeckung der ersten Höhle setzte ein gleichermaßen abenteuerlicher wie schlitzohriger Antikenhandel ein. Nachdem die Beduinen zunächst Teile der Schriften für ihr Lagerfeuer genutzt hatten, brachten sie später einige der Lederrollen nach Bethlehem zu dem Schuster Kandu, der ihnen Sandalen daraus fertigen sollte. Kandu gab den Beduinen stattdessen einige Münzen und verkaufte vier Schriftrollen, darunter die große Jesajarolle, für umgerechnet knapp einhundert Dollar an den syrischen Metropoliten Athanasius in Jerusalem weiter. Der wiederum schmuggelte die Rollen in die USA, inserierte sie im *Wall Street Journal* und konnte sie 1954 für eine Viertelmillion Dollar an den renommierten Archäologen Yigael Yadin veräußern. Dieser hatte im Unabhängigkeitskrieg die Position des Generalstabschefs der israelischen Armee bekleidet und wirkte später zeitweise auch als Minister und Vizepremier des Staates Israel. Drei andere Schriftrollen aus Höhle 1 waren bereits 1947 in den Besitz von Eliezer Sukenik gelangt, der als Archäologe an der Hebräischen Universität in Jerusalem wirkte und im Übrigen der Vater von Yigael Yadin war. Um 1960 herum hatte der Schuster Kandu von Beduinen auch die Tempelrolle aus Höhle 11 erworben, die er in einem Schuhkarton unter den Dielen seines Hauses versteckt hielt und über einen Strohmann für 750.000 Dollar auf dem Schwarzmarkt anbot. Als die Israelis während des Sechs-Tage-Krieges im Juni 1967 in Bethlehem einrückten, ließ Yadin die Tempelrolle sogleich durch einen Trupp der Militärpolizei beschlagnahmen. Diese acht Rollen bilden den Grundstock jener in israelischem Besitz befindlichen Sammlung von Qumrantexten, die heute in Jerusalem im eigens dafür errichteten „Shrine of the Book" zu besichtigen sind. Daneben existierte von Anfang an eine Sammlung von Qumranschriften im Rockefeller Museum. Dieses befindet sich im Ostteil Jerusalems, der bis 1967 unter jordanischer Herrschaft stand.

Bald nach der Entdeckung der ersten Schriftrollen entschlossen sich Archäologen, auch die Ruinen, die in unmittelbarer Nähe der Höhlen östlich der Felsenhänge auf einem Plateau liegen, einer eingehenden Untersuchung zu unterziehen. Bei den Ausgrabungen kamen die Grundmauern und Gebäudereste einer Siedlung zutage, die für schätzungsweise sechzig Personen ausgerichtet war und wohl Essener beherbergte. Zudem waren auch die Höhlen im Umfeld der Siedlung bewohnt. Der archäologische Befund deutet darauf hin, dass das über Jahrhunderte verwaiste Terrain von Qumran in der Mitte des 2. Jahrhunderts v. Chr. wiederbesiedelt und in der Folgezeit planmäßig ausgebaut wurde. Die Siedlung bestand aus drei Hauptkomplexen, nämlich dem Wohnbereich, den Wirtschaftsgebäuden und einer Versammlungshalle samt Speisesaal. Die Wasserzufuhr erfolgte über ein im Gebirge angelegtes Staubecken, mit dem die Zisternen der Siedlung durch einen Aquädukt verbunden waren. Über die Trink- und Nutzwasserversorgung hinaus waren damit auch die Voraussetzungen für rituelle Tauchbäder gegeben. Im Jahr 31 v. Chr. wurde Qumran von einem schweren Erdbeben in Mitleidenschaft gezogen. Anschauliches Relikt dieser Naturkatastrophe ist ein Wasserbecken, dessen Boden und Stufen in zwei Teile zerrissen wurden, wobei sich die rechte Hälfte um rund einen halben Meter absenkte. Die zweite Siedlungsperiode währte vom baldigen Wiederaufbau bis zur mutmaßlichen Zerstörung Qumrans durch die Römer im Jahr 68, als der römische Feldherr und spätere Kaiser Vespasian im Jüdischen Krieg mit seinen Truppen das Tote Meer passierte.

Qumran am Toten Meer, Höhle 4.

Vereinzelt wird die Auffassung vertreten, die Schriftrollen vom Toten Meer stammten aus Jerusalem und seien erst im Verlauf des Jüdischen Krieges (66–70) nach Qumran gebracht worden, um sie dort in den Höhlen vor den Römern in Sicherheit zu bringen. Dieser These zufolge, die aufgrund einer Neubewertung des archäologischen Befundes derzeit an Boden gewinnt, weisen die Schriftrollen keine innere Beziehung zur Siedlung Qumran und ihren Bewohnern auf. Qumran wird in diesem Zusammenhang als Festung, Handelszentrum oder Landgut ohne besonderen religiösen Hintergrund betrachtet. Die Kupferrolle aus Qumran deutet in der Tat darauf hin, dass zumindest Teile des Jerusalemer Tempelschatzes vor den Römern in den Höhlen am Toten Meer versteckt wurden. Sie enthält ein exaktes Verzeichnis von mehr als sechzig Verstecken mit immensen Mengen von Gold und Silber. Dennoch hat die traditionelle Annahme, dass es sich bei Qumran um eine Siedlung von Essenern und bei den in den Höhlen gefundenen Dokumenten um deren Bibliothek handelte, nach wie vor die größte Wahrscheinlichkeit für sich. Eine Schlüsselstellung kommt dabei dem älteren Plinius zu, der die Essener am Westufer des Toten Meeres in der Nähe von En-Gedi verortet. Dies passt vorzüglich zur geografischen Lage von Qumran.

Der vermeintliche Markus-Papyrus zählt zu den Funden aus Höhle 7, die 1955 von den Ausgräbern der Qumransiedlung entdeckt wurde. In ihr fanden sich von etwa zwanzig dort ursprünglich gelagerten Handschriften nur spärliche Fragmente mit wenigen und zudem schwer zu entziffernden Buchstaben. Vermutlich waren diese Papyrusfetzen abgebrochen und auf den Boden gefallen, als die Schriftrollen in früherer Zeit geöffnet und dann aus der Höhle entfernt wurden. Dabei handelt es sich ausschließlich um griechische Texte, während die ganz überwiegende Zahl der Schriftrollen aus den anderen Höhlen auf Hebräisch oder Aramäisch abgefasst ist. Von den etwa zwanzig Fragmenten aus Höhle 7 konnten nur die ersten beiden einer konkreten Schrift zugeordnet werden, nämlich dem biblischen Buch Exodus. Bei den übrigen Bruchstücken ist aufgrund des geringen Bestandes an erhaltenen Buchstaben eine Identifizierung nahezu aussichtslos. Das nur wenige Quadratzentimeter große Fragment 7Q5 gelangte allerdings dennoch als vermeintlicher Bestandteil eines Markusevangeliums aus Qumran in die Schlagzeilen.

Das Textfragment 7Q5 aus Qumran

Begründet wurde die These von einem Markusevangelium aus Qumran 1972 von dem spanischen Gelehrten José O'Callaghan. Er gewann nach gründlicher Untersuchung des nur zehn Buchstaben umfassenden Fragments 7Q5 die Überzeugung, dass es den Text von Markus 6,52–53 („Denn sie waren nicht zur Einsicht gekommen, als das mit den Broten geschah; ihr Herz war verstockt. Und sie fuhren hinüber ans Land, kamen nach Genezareth und legten an") biete. Diese Identifizierung von 7Q5 mit Markus 6,52–53 löste eine intensive wissenschaftliche Diskussion aus und stieß in der Fachwelt auf nahezu einhellige Ablehnung. In den 1980er Jahren schaltete sich Carsten Peter Thiede in die Debatte ein und verlieh ihr eine neue Dynamik. Im Kern hatte er jedoch den Behauptungen von José O'Callaghan kaum etwas Neues hinzuzufügen. Mit seinen publikumswirksam vorgetragenen Äußerungen zum Thema gelang es Thiede aber, der These von einem Markusevangelium in Qumran großen Bekanntheitsgrad zu verschaffen und den Eindruck enger Beziehungen der frühen Christenheit zur Qumrangemeinde zu erwecken. Wiederum in Anlehnung an O'Callaghan suchte er auch für weitere Papyrusfetzen aus Qumran die Wiedergabe neutestamentlicher Textpassagen plausibel zu machen. In diesem Zusammenhang sah Thiede Höhle 7 von Christen bewohnt, die sich von Jerusalem in die Wüste aufgemacht hätten, um den Bewohnern von Qumran den neuen Glauben nahezubringen. Zudem bestätigte sich für ihn die in ihrem geschichtlichen Wert umstrittene altkirchliche Tradition, dass Markus an der Seite des Petrus sein Evangelium in Rom verfasst habe. Die auf einen Tonkrug aus Höhle 7 eingeritzten hebräischen Buchstaben *rwm* seien als „Rom" zu lesen und stellten einen Hinweis darauf dar, dass das zum Transport der Schriftrollen benutzte Gefäß aus der Hauptstadt des Reiches stamme. Die Christengemeinde von Rom habe die in Qumran zur Verbreitung des neuen Glaubens tätige „Arbeitsgruppe" mit einer Sammlung biblischer Schriften ausgestattet, darunter auch das Markusevangelium.

Die Fachwelt vermochte Thiede mit diesen Spekulationen nicht zu überzeugen. Das Hauptproblem besteht darin, dass der sichere Buchstabenbestand von 7Q5 nicht nahtlos zu Markus 6,52–53 passt. Um das Qumranfragment mit Markus 6,52–53 identifizieren zu können, muss man wegen der errechneten Zeilenlänge ein Fehlen der drei Wörter „an das Land" annehmen, was in keiner der uns bekannten griechischen Handschriften des Markusevangeliums der Fall ist. Zudem läge ein Schreibfehler bei dem Wort *diaperasantes* („sie fuhren hinüber") vor, das auf der Schriftrolle von Qumran fälschlicherweise mit einem griechischen Tau anstatt eines Delta begonnen haben müsste. Dies lässt sich nicht plausibel machen, auch nicht mit Theorien über eine angebliche Lautverschiebung. Hinzu kommt die Tatsache, dass sich anstelle des für die Identifizierung von 7Q5 mit dem Markustext notwendigen griechischen Buchstabens Ny auf dem Handschriftenfragment wohl eher ein Jota findet, auch wenn Thiede mittels kriminaltechnischer Untersuchung durch ein Hochleistungsmikroskop der Jerusalemer Polizei das Gegenteil zu erweisen suchte. Grundsätzlich erschwert wird die Hypothese von einer Papyrusrolle mit dem Markusevangelium in Qumran dadurch, dass es bislang nicht die geringsten Indizien gibt, die auf eine Lektüre neutestamentlicher Handschriften in Qumran hindeuten. Die von Thiede aus der These vom Markusevangelium in Qumran abgeleiteten kühnen Spekulationen über die Beziehungen zwischen Christen und Essenern fallen damit letztlich wie ein Kartenhaus in sich zusammen. Und von den Qumranfunden her besteht nicht der geringste Anlass, an der traditionellen Datierung des Markusevangeliums in die Zeit um 70 zu rütteln.

9. Jesus von Qumran – ein Phantom aus Australien

Seit den sensationellen Textfunden von Qumran wird viel darüber spekuliert, in welcher Beziehung Jesus und seine Anhänger zu der dort ansässigen Gemeinschaft gestanden haben könnten. Den Ansatzpunkt für ausufernde Spekulationen bieten drei geheimnisumwitterte Gestalten, die in den Schriften aus den Höhlen vom Toten Meer eine zentrale Rolle spielen. Es handelt sich um den „Lehrer der Gerechtigkeit", den „Frevelpriester" und den „Lügenmann". Da diese Figuren nur unter ihren Decknamen begegnen und geschichtlich nicht zweifelsfrei identifiziert werden können, wird immer wieder der Versuch unternommen, aus dem Neuen Testament bekannte Gestalten mit ihnen in Verbindung zu bringen. Ein besonders anschauliches Beispiel dafür sind die Erwägungen der Australierin Barbara Thiering in ihrem 1992 veröffentlichten Werk *Jesus the Man*, das im Jahr darauf unter dem Titel *Jesus von Qumran. Sein Leben – neu geschrieben* in deutscher Übersetzung erschien. Das Buch ist ein beeindruckendes Produkt blühender Fantasie, das allerdings den Anspruch erhebt, die geschichtliche Wahrheit über Jesus zu enthüllen. Unglaubliche Dinge werden ans Licht gebracht: Man erfährt, dass Jesus zu den Qumran-Essenern gehörte, mit Maria Magdalena verheiratet war, die Kreuzigung überlebte, später eine zweite Ehe einging und schließlich als alter Mann im Westen des Römischen Reiches eines natürlichen Todes starb.

Bevor diesen fantastischen Theorien nachgegangen wird, sollen zunächst die Qumrantexte selbst mit ihren Äußerungen zu jenen geheimnisvollen Gestalten zur Sprache kommen. Die sogenannte Damaskusschrift aus Qumran verankert in

[handschriftliche Notiz am Rand: Behauptungen über Jesus]

Ruinen der Siedlung von Qumran

einem einleitenden Geschichtsabriss die Ursprünge der Gemeinschaft in einem „neuen Bunde im Lande Damaskus" und
benennt einen „Lehrer der Gerechtigkeit" als maßgebliche
Gründergestalt. Mehrere Stellen aus den in Qumran gefundenen Kommentaren zu den Psalmen und zum Buch des
Propheten Habakuk sehen den Lehrer der Gerechtigkeit in
einer Auseinandersetzung auf Leben und Tod mit einem „Frevelpriester". Dieser Frevelpriester war in Israel zur Herrschaft
gelangt und hatte den Versuch unternommen, den ins Exil
gegangenen Lehrer der Gerechtigkeit zu beseitigen. Später geriet der Frevelpriester selbst in die Hände von Feinden, die ihn
töteten. Als weiterer Gegenspieler des Lehrers der Gerechtigkeit begegnet im Habakuk-Kommentar und der Damaskusschrift ein „Lügenmann". Im Gegensatz zum Frevelpriester
handelt es sich um einen internen Konkurrenten. Es geht
um den Kampf zweier Führungspersönlichkeiten innerhalb
der Bewegung. Der Konflikt entzündete sich daran, dass der
Lügenmann dem Lehrer der Gerechtigkeit nicht mehr Folge

leistete, sondern ihn im Gegenteil öffentlich zurechtwies und dabei Teile der Gemeinschaft auf seine Seite ziehen konnte. Am Ende der Auseinandersetzung stand eine zahlenmäßig beträchtliche Abspaltung mit dem „Lügenmann" als Führungsgestalt, die sich von der Qumrangemeinde trennte.

Barbara Thiering war nicht die erste Person, die den Versuch unternahm, diese rätselhaften Figuren aus den Qumranschriften mit neutestamentlichen Gestalten in Verbindung zu bringen. Bereits 1991 war der Bestseller *The Dead Sea Scrolls Deception* von Michael Baigent und Richard Leigh erschienen, der auf dem deutschsprachigen Büchermarkt als *Verschlusssache Jesus* vermarktet wurde, aber mit Jesus von Nazareth unmittelbar nicht das Geringste zu tun hat. Die Autoren machten sich den Umstand zunutze, dass zu jener Zeit noch nicht alle Texte aus Qumran der Öffentlichkeit zugänglich gemacht worden waren, und entwickelten eine kühne Verschwörungstheorie, die sich aber schnell als Hirngespinst erwies. Jene damals noch nicht edierten Schriftrollen sollten angeblich derart brisante Informationen über das frühe Christentum enthalten, dass ihr Bekanntwerden die Existenz der gesamten Kirche gefährde und die Publikation daher vom Vatikan verhindert werde. Die frühen Christen seien alles andere als friedfertig gewesen und hätten sich zusammen mit militanten jüdischen Kräften am bewaffneten Widerstand gegen die Römer beteiligt. Bei Paulus habe es sich um einen von den Römern „umgedrehten" Agenten gehandelt, der gegen seine ehemaligen jüdischen Kampfgefährten als Kronzeuge ausgesagt und daraufhin nach dem Muster heutiger Zeugenschutzprogramme eine neue Identität erhalten habe. Diese wilden Spekulationen stützen sich darauf, dass Baigent und Leigh den Lehrer der Gerechtigkeit mit Jakobus, dem Bruder Jesu, und den Lügenmann mit Paulus gleichsetzen. Bei dem Frevelpriester schließlich soll es sich um den Hohepriester Ananos gehandelt haben, der im Jahr 62 in Jerusalem die Hinrichtung des Jakobus veranlasste. Das Autorengespann greift in diesem Zusammenhang auf Thesen des höchst umstrittenen Qumranforschers Robert Eisenman zurück, die in Fachkreisen einhellig abgelehnt werden.

Barbara Thiering nimmt nun enge Bindungen zwischen Jesus von Nazareth und der Qumrangemeinde an. Im Lehrer der Gerechtigkeit glaubt sie Johannes den Täufer ausmachen zu können, während sowohl der Lügenmann als auch der Frevelpriester mit keinem Geringeren als Jesus persönlich identifiziert werden. Um das abenteuerliche Leben des „Jesus von Qumran" lückenlos dokumentieren zu können, bedarf es laut Thiering zudem einer Dechiffrierung der neutestamentlichen Schriften, die eine Unmenge versteckter Informationen enthielten und von ganz anderen Dingen berichteten, als es an der Oberfläche den Anschein habe. Das Ergebnis liest sich wie ein Abenteuerroman: Jesus sei unweit von Qumran geboren und mit zwölf Jahren als Novize in den Essenerorden aufgenommen worden, der zu jener Zeit unter der Leitung von Johannes dem Täufer gestanden habe. Später sei es zu einem Schisma gekommen, in dessen Verlauf sich Jesus mit dem Zwölferrat der Apostel von der Qumrangemeinde getrennt habe. Mit priesterlichen Ansprüchen habe er Johannes dem Täufer die Leitung der Gemeinschaft streitig gemacht. Dieser Konflikt spiegle sich in den Qumranschriften in der verhüllenden Bezeichnung Jesu als Lügenmann und Frevelpriester wider. Im September des Jahres 30 habe Jesus Maria Magdalena geehelicht, da er als Nachkomme Davids dazu verpflichtet gewesen sei, für einen männlichen Thronfolger zu sorgen. Wenige Jahre nach der Heirat habe sich Jesus auf die Seite der Zeloten geschlagen, die gegen die Römer Krieg führten, und sei auf einem Maultier in Qumran eingezogen, das im Neuen Testament unter dem Decknamen Jerusalem begegne.

74

Weil sich Jesu Erwartung eines Eingreifens Gottes nicht erfüllt habe, sei er von Judas Iskariot aus Enttäuschung an die Römer verraten worden. Pontius Pilatus habe sich nach Qumran aufgemacht, um Jesus dort zum Tode zu verurteilen und außerhalb der Siedlung kreuzigen zu lassen. Allerdings sei es den Anhängern Jesu gelungen, ihn durch einen Gifttrank in tiefe Bewusstlosigkeit zu versetzen und scheintot vom Kreuz abzunehmen, um ihn in den Höhlen von Qumran durch Heilkräuter wieder gesund zu pflegen. Maria Magdalena sei zu jener Zeit mit einer Tochter schwanger gewesen. Nach der überstandenen Kreuzigung habe Jesus mit ihr auch noch einen Sohn namens Jesus Justus gezeugt, den Paulus später im Kolosserbrief erwähne. Im Jahr 44 sei es aber zu einer Ehekrise gekommen, und Maria Magdalena habe die Scheidung eingereicht. Daraufhin habe Jesus, der nun Paulus auf seinen Missionsreisen begleitete, in Philippi in zweiter Ehe die Purpurhändlerin Lydia geheiratet. Über das Ende Jesu, der ein Alter von etwa siebzig Jahren erreicht habe, wisse man nichts Genaues. Er sei am ehesten in Rom bald nach den Christenverfolgungen Neros, denen Paulus und Petrus zum Opfer fielen, an Altersschwäche gestorben. Ebenso gut könne er aber auch seinen Lebensabend mit seiner Familie in Südfrankreich auf dem Landgut des Herodes verbracht haben und dort verschieden sein.

Dies ist nur das Grundgerüst der atemberaubenden Rekonstruktion des Lebens Jesu durch Barbara Thiering, die darüber hinaus eine Fülle von Zusatzinformationen zu bieten hat. Abgerundet wird das Ganze durch eine umfassende chronologische Übersicht, in der die Autorin nicht nur jeweils das exakte Datum der von ihr fantasievoll erschlossenen Ereignisse, sondern dazu meistens auch noch die Uhrzeit anzugeben weiß. Von den Medien wurden die wilden Spekulationen um „Jesus aus Qumran" in den frühen 1990er Jahren als neueste

Sensation begeistert aufgenommen. In Australien fanden sie durch eine landesweite Fernsehsendung Verbreitung, in Deutschland wartete das *Hamburger Abendblatt* im Juli 1992 mit der Headline „Theologin: Jesus war ganz anders" auf. In der Fachwelt rief das mit wissenschaftlichem Anspruch daherkommende Fantasiegebilde nur ungläubiges Kopfschütteln hervor. Der jüdische Gelehrte Hershel Shanks sprach in der *Biblical Archaeology Review* gar von einem törichten Buch, dessen Publikation sich primär finanziellen Interessen verdanke. In der Tat ist die Art und Weise, wie Barbara Thiering den Qumranschriften und den neutestamentlichen Texten ihre scheinbaren Geheimnisse entlockt, absolut unseriös und methodisch indiskutabel. Die Spekulationen hinsichtlich der überstandenen Kreuzigung und der beiden Ehen Jesu sind uneingeschränkt aus der Luft gegriffen. Weder Jesus noch Johannes der Täufer oder andere Gestalten des Urchristentums standen in irgendeiner erkennbaren Beziehung zu der Gemeinschaft von Qumran. Erschwerend kommt die Tatsache hinzu, dass Radiocarbontests eine Entstehung der vom Lehrer der Gerechtigkeit und seinen beiden Kontrahenten, dem Frevelpriester und dem Lügenmann, handelnden Qumranschriften im 2. oder 1. Jahrhundert vor unserer Zeitrechnung erwiesen haben. Folglich können diese Schriftrollen keine Geheimnisse über Gestalten wie Johannes den Täufer oder Jesus preisgeben, die im 1. Jahrhundert n. Chr. lebten.

Von der seriösen Forschung werden die geheimnisvollen Gestalten aus den Qumrantexten in der jüdischen Geschichte des 2. Jahrhunderts vor unserer Zeitrechnung verortet. Bei dem über Israel herrschenden Frevelpriester muss es sich um einen amtierenden Hohepriester handeln, der aus der Perspektive der Qumrangemeinde den Ansprüchen des Amtes nicht genügte. Was den Lehrer der Gerechtigkeit betrifft, lassen die Texte erkennen, dass auch er eine hochrangige priesterliche Gestalt war, die offenbar vom Frevelpriester aus dem höchsten geistlichen Amt herausgedrängt worden war. Aller Wahrscheinlichkeit nach ist mit dem später von seinen Feinden umgebrachten Frevelpriester der Makkabäer Jonathan gemeint. Er hatte 152 v. Chr. mit der Hilfe der syrischen Besatzungsmacht die Herrschaft über den Jerusalemer Tempelkult an sich gerissen, ohne aus dem alten Priestergeschlecht Zadoks zu stammen, in dessen Händen sich das Hohepriesteramt seit den Tagen Davids befand. Später wurde er den Syrern zu mächtig und im Jahr 143 v. Chr. von ihnen hingerichtet. Der Lehrer der Gerechtigkeit begab sich nach seinem mutmaßlichen Amtsverlust ins Exil nach Damaskus und begründete dort eine Sammlungsbewegung frommer Juden gegen die Entweihung des Hohepriesteramtes und des Tempelkultes durch Jonathan. Danach kehrte er mit seinen Anhängern nach Judäa zurück, konnte aber seine hohepriesterlichen Ansprüche gegen die Makkabäer nicht durchsetzen, woraufhin er sich endgültig vom Tempelkult verabschiedete. In dieser Frage kam es zu einem Bruch innerhalb der Bewegung. Der von den Qumranschriften als Lügenmann bezeichnete und namentlich nicht identifizierbare Rivale verweigerte sich dem Führungsanspruch des Lehrers der Gerechtigkeit und spaltete sich mit seinen Anhängern ab, um weiterhin am Tempelkult teilzunehmen. Die herzergreifende Geschichte vom Jesus aus Qumran hingegen, der als Frevelpriester und Lügenmann verunglimpft wurde, nach überstandener Kreuzigung in zweiter Ehe sein Glück fand und hochbetagt in Südfrankreich oder Rom im Kreise der Familie sein Leben aushauchte, gehört in die Welt der Märchen.

10. *Der angebliche Jesus-Papyrus*

Bei der (scheinbaren) Sensation, die sich mit dem sogenannten Jesus-Papyrus verbindet, geht es um die Neudatierung einer längst bekannten Bibelhandschrift. Es handelt sich um drei Oxforder Papyrusfragmente mit Teilen aus dem Matthäusevangelium, deren Entdeckung mehr als hundert Jahre zurückliegt und die seit 1954 in der Liste der neutestamentlichen Handschriften als Papyrus 64 geführt werden. In Fachkreisen geht man einmütig davon aus, dass diese im Magdalen College in Oxford aufbewahrten Bruchstücke, denen sich zwei weitere Matthäusfragmente aus Barcelona zuordnen lassen, aus der Zeit um 200 stammen. Dagegen versuchte Carsten Peter Thiede, der uns bereits im Zusammenhang mit dem angeblichen Markusfragment aus Qumran begegnet ist, eine Entstehung in den Sechzigerjahren des 1. Jahrhunderts plausibel zu machen. Wenn dies richtig wäre, ergäben sich weitreichende Folgen für unser Verständnis des Matthäusevangeliums, das nach allgemeiner Überzeugung erst um das Jahr 80 herum verfasst wurde.

Die auch als Magdalen-Papyrus bezeichneten Oxforder Fragmente stammen aus Ägypten, wo es im 19. und 20. Jahrhundert zu sensationellen Textfunden kam. Auf der Vorder- und Rückseite der beidseitig beschriebenen Fragmente werden Passagen aus Matthäus 26 wiedergegeben. Die Papyrusstücke gelangten Ende des 19. Jahrhunderts in die Hände des anglikanischen Geistlichen Charles B. Huleatt, der von 1893 bis 1901 jeden Winter hindurch als Hauskaplan des Luxor-Hotels tätig war, um dort die britischen Nilreisenden seelsorgerisch zu betreuen. Im Herbst 1901 trat Huleatt ein neues Amt im italienischen Messina an, wo er sieben Jahre später mit seiner gesamten Familie bei einem schweren Erdbeben ums Leben kam. Bevor er sich von Luxor aus nach Italien aufmachte, übereignete Huleatt die drei Papyrusfragmente dem Magdalen College in Oxford, wo er von 1882 bis 1886 Altphilologie studiert hatte.

Die Oxforder Fragmente (Magdalen-Papyrus/P 64)

In Oxford wurden die Fragmente nach ihrer Ankunft von dem renommierten Papyrologen Arthur Hunt einer eingehenden Untersuchung unterzogen. Während Huleatt vorsichtig die Annahme geäußert hatte, dass sie aus dem 3. Jahrhundert stammen könnten, urteilte Hunt pessimistischer und ordnete sie dem 4. Jahrhundert zu. Die Fragmente wurden als „Papyrus Magdalen Greek 17" katalogisiert und gemeinsam mit anderen Erinnerungsstücken, beispielsweise einem Ring von Oscar Wilde, in einer Vitrine der alten College-Bibliothek verwahrt, ohne größere Aufmerksamkeit auf sich zu ziehen. Erst 1953 kam es zu einer neuerlichen wissenschaftlichen Analyse der Fragmente durch Colin Roberts, die zu überraschenden Ergebnissen führte. Zum einen datierte Roberts die Papyrusstücke bereits in das ausgehende 2. Jahrhundert, und zum anderen stellte er einen Zusammenhang mit dem Papyrus 67 her, zwei Fragmenten aus Barcelona mit Passagen aus der Bergpredigt des Matthäus. Die Textfetzen

Colin
Roberts
1953

aus Oxford und Barcelona erwiesen sich als Bestandteile ein und derselben griechischen Handschrift des Matthäusevangeliums, die bis auf diese spärlichen Reste verloren gegangen war.

Infolge ihrer eingehenden Untersuchung durch Colin Roberts genießen die Fragmente aus Oxford und Barcelona in der Bibelwissenschaft als älteste handschriftliche Zeugen des Matthäusevangeliums hohes Ansehen. Ihre Bedeutung für die Rekonstruktion des ursprünglichen Bibeltextes ist damit unumstritten; angesichts des geringen Textumfangs hält sie sich aber in Grenzen. Außerhalb der Fachwelt blieben die Matthäusfragmente lange Zeit nahezu unbekannt. Dies änderte sich schlagartig im Dezember 1994 mit der Weihnachtsausgabe der Londoner *Times*. Dort fand sich auf der Titelseite ein Artikel des britischen Journalisten Matthew d'Ancona, der von einer sensationellen Entdeckung Carsten Peter Thiedes zu berichten wusste. Entgegen der allgemein vertretenen Datierung in das ausgehende 2. Jahrhundert sei der Magdalen-Papyrus wesentlich älter und könne als Augenzeugenbericht vom Leben Jesu gelten.

In einem 1995 erschienenen wissenschaftlichen Aufsatz legte Thiede dann seine Ergebnisse der Fachwelt vor. Darin bemüht er sich um den Nachweis, dass die Oxforder Papyrusfetzen in das 1. Jahrhundert gehörten. Um dies plausibel zu machen, arbeitet Thiede mit den Methoden der vergleichenden Paläografie und bezieht Papyri aus der judäischen Wüste mit ein, die aus der Zeit vor der ins Jahr 70 fallenden Zerstörung des Jerusalemer Tempels datieren. Vom allgemeinen Schriftbild und Schreibstil her will Thiede eine große Nähe zwischen dem Magdalen-Papyrus und den vergleichend herangezogenen Papyri aus dem 1. Jahrhundert ausmachen. In dem 1996 gemeinsam mit Matthew d'Ancona verfassten populärwissenschaftlichen Buch *Der Jesus-Papyrus* wird diese

These zugespitzt. Thiede zieht als weiteren Vergleichstext eine Papyrusurkunde aus dem ägyptischen Oxyrhynchus hinzu. In dem Papyrus, der sich exakt auf den 24. Juli 66 datieren lässt, deklariert ein Bauer gegenüber den Behörden seinen Bestand an Lämmern. Unter Verweis auf eine angebliche Identität im Schriftbild wird nun von Thiede behauptet, dass die Matthäusfragmente aus Oxford und die zugehörigen Papyrusstücke aus Barcelona spätestens im Jahr 66 entstanden seien, eher aber aus noch früherer Zeit stammten.

Aus dieser Frühdatierung zieht Thiede weitreichende Folgerungen im Blick auf das Alter und die Zuverlässigkeit des Matthäusevangeliums. Im Allgemeinen geht man davon aus, *Matthäus* dass es sich bei Matthäus um einen Christen der zweiten Generation handelte. Etwa fünfzig Jahre nach der Kreuzigung Jesu (die wahrscheinlich im Jahr 30 stattfand) dürfte er in Syrien unter Benutzung des Markusevangeliums, einer Quelle mit Sprüchen Jesu und anderer Gemeindetraditionen seine Darstellung des Lebens Jesu entworfen haben. Bei Thiede hingegen wird Matthäus zum Augenzeugen der von ihm berichteten Geschehnisse oder zumindest zu jemandem, der für die Generation der Augenzeugen schreibe und dessen Zeugnis daher zuverlässig sein müsse. Die reißerische Bezeichnung der Fragmente als der Jesus-Papyrus ist an sich wenig aussagekräftig. Alle Papyrusstücke mit Evangelientexten sind, wenn man so will, Jesus-Papyri. Offenbar soll die Bezeichnung aber eine besondere geschichtliche Zuverlässigkeit und Authentizität suggerieren. Bei der angeblich schon kurz nach 60 verfassten Handschrift, deren spärliche Reste uns mit den Fragmenten aus Oxford und Barcelona vorliegen, habe es sich sicher nicht um das Original, sondern um eine Abschrift des Matthäusevangeliums gehandelt. Daher könne für das Matthäusevangelium eine noch frühere Entstehungszeit angenommen werden. Der zeitliche Abstand, der das Leben Jesu von dem

Werk der Evangelienschreiber trennt, lasse sich damit auf ein bis zwei Jahrzehnte reduzieren. Letztlich stützt die Neudatierung der Matthäusfragmente aus Oxford und Barcelona damit für Thiede in ganz erheblichem Maße die geschichtliche Zuverlässigkeit der Evangelien.

Noch weniger, als dies bei den Spekulationen um ein Markusevangelium in Qumran der Fall war, vermochte Carsten Peter Thiede allerdings mit seinen Thesen zum „Jesus-Papyrus" die Fachwelt zu überzeugen. Seine Neudatierung der Matthäusfragmente aus Oxford und Barcelona stieß bei Bibelwissenschaftlern und Papyrologen auf einhellige Ablehnung. Der Schweizer Matthäusexperte Ulrich Luz etwa bezeichnet sie schlichtweg als unseriös. Insbesondere wird gegen Thiede eingewandt, dass sich das Schriftbild der vergleichend herangezogenen Papyri aus dem 1. Jahrhundert von dem der Matthäusfragmente deutlich unterscheidet und sich damit die paläografischen Argumente für eine Frühdatierung des „Jesus-Papyrus" als unhaltbar erweisen. Wenn aber die Matthäusfragmente aus Oxford und Barcelona erst aus der Zeit um 200 stammen, erledigen sich auch sämtliche aus der Frühdatierung abgeleiteten Spekulationen um einen Augenzeugen des Wirkens Jesu als Verfasser des Matthäusevangeliums.

II. Das „Jesus-Boot" aus dem Kibbuz Ginnosar

Eine wirkliche archäologische Sensation stellte die Entdeckung des sogenannten Jesus-Bootes im Jahre 1986 dar. Eine lange Dürreperiode hatte dazu geführt, dass der Wasserspiegel des Sees Genezareth dramatisch gesunken und die Uferlinie weit zurückgetreten war. Große Flächen am Rande des Sees, die normalerweise mit Wasser bedeckt sind, wurden aufgrund des niedrigen Pegelstandes begehbar. Zwei junge Männer aus dem Kibbuz Ginnosar nahe dem Ort Magdala, die sich auf der Suche nach antiken Münzen befanden, entdeckten bei ihrem Spaziergang am Ufer einige rostige Nägel. Beim Nachgraben im Schlamm traten zunächst Holzreste und dann die Umrisse eines Objekts zutage, das sich später als Fischerboot aus den Tagen Jesu entpuppen sollte. Es handelt sich um das einzige antike Schiff, das bislang am See Genezareth entdeckt wurde.

Ent-
deckung
eines
Fischer-
bootes

Die Bergung des Fundes stellte sich als ausgesprochen schwierig dar, zumal sie wegen des wieder ansteigenden Wasserspiegels unter großem Zeitdruck geschehen musste. Um Zerstörungen des empfindlichen und mit Wasser vollgesogenen Holzes zu vermeiden, legte man das Boot zunächst mit bloßen Händen frei. Der zerbrechliche Rumpf wurde mithilfe von Fiberglasrippen stabilisiert. Durch Ausschäumung mit Polyurethan, wie es normalerweise als Isoliermaterial am Bau Verwendung findet, wurde das Wrack schwimmfähig gemacht und zum nahe gelegenen Fischereihafen des Kibbuz Ginnosar manövriert. Dort hatte man eigens zur Rekonstruktion des Fundstückes in Windeseile eine Behelfsbaracke errichtet, in die das Holzgerippe mithilfe eines Krans gehievt wurde. Die Restaurierungsarbeiten an dem Boot waren langwierig und zogen sich über vierzehn Jahre hin. Erst neun Jahre nach Entdeckung des Bootes war der chemische Konservierungsprozess abgeschlossen. Es folgte eine kontrollierte Trocknung und Reinigung des Holzes. Danach wurde das gut verpackte Boot in den neu erbauten Ausstellungsraum des örtlichen Yigal-Allon-Museum gebracht. Dazu bediente man sich erneut eines Krans. Exakt vierzehn Jahre nach dem Ausgrabungstag konnte das aufwendig restaurierte Holzgerippe dort erstmals einer breiteren Öffentlichkeit zugänglich gemacht werden. Im Ausstellungsraum ist es auf einem Stahlgestell über blaugrünen Glasplatten installiert, die den See Genezareth darstellen sollen. Maßstabsgetreue Nachbauten des Bootes in der mutmaßlichen Gestalt, die es ursprünglich einmal hatte, sind im Kibbuz En-Gev sowie im Bibelhaus am Museumsufer in Frankfurt am Main zu sehen.

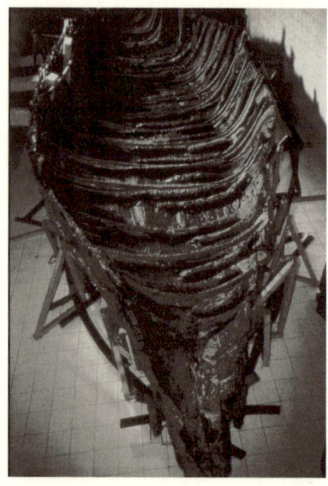

Das „Jesus-Boot" vom See Genezareth

Die Maße des Bootes betragen ungefähr 8,2 m in der Länge, 2,3 m in der Breite und 1,2 m in der Tiefe. Sein Inneres bot etwa fünfzehn Personen Platz. Es verfügte vermutlich über zwei Paar Ruder, ein Steuerruder und einen Mast mit Segel. Zusammengefügt wurde es in der Schalenbauweise, einer in der Antike im Mittelmeerraum weit verbreiteten Bootsbautechnik. Zunächst werden dabei Kiel und Planken durch eine Konstruktion aus Nut und Federn miteinander verbunden, um dann mit Eisennägeln die Verschalung anzubringen. Neben Eiche und Zeder lassen sich an dem Boot noch zehn weitere Holzarten nachweisen. Etliche Teile des Bootes blickten schon bei dessen Bau auf eine längere Geschichte zurück und waren bereits zum wiederholten Male verwendet worden. Offenkundig hatte man sie ausgedienten Booten entnommen und recycelt. Dieses Gesamtbild deutet darauf hin, dass zur Zeit der Entstehung des Bootes ein Mangel an qualitativ hochwertigem Bauholz herrschte oder die Erbauer des Bootes sich solches nicht leisten konnten. Im Laufe seiner langen Benutzungszeit wurde das Boot vielfach repariert, wobei es auch zum Austausch von einzelnen Bauteilen aus Holz kam.

Vermutlich wurde das Boot zum Fischfang eingesetzt, denn man entdeckte in unmittelbarer Nähe der Fundstätte Netznadeln und zwei Steinanker. Daneben war es auch dazu geeignet, Personen und Güter über den See Genezareth zu transportieren. Aus einer ganzen Reihe von Gründen darf man als praktisch sicher ansehen, dass es sich bei dem Fund um ein Boot aus den Tagen Jesu handelt. Es verkörpert wohl den Typus von Arbeitsboot, wie er in jenen Tagen auf dem See Genezareth weit verbreitet war. Die Konstruktionstechnik des Bootes und die darin gefundenen Keramikgegenstände, eine Öllampe und ein Kochtopf, deuten auf die Zeit zwischen dem 1. Jahrhundert v. Chr. und dem 1. Jahrhundert n. Chr. hin. Untersuchungen mit der Radiocarbon-Methode haben ergeben, dass die Bäume für das verwendete Bauholz um 40 v. Chr. gefällt wurden, wobei eine Toleranz von achtzig Jahren nach oben und unten zu veranschlagen ist. Ein Mosaikfußboden aus dem nur etwa anderthalb Kilometer entfernten Magdala, der aus dem 1. Jahrhundert unserer Zeitrechnung stammt, zeigt ein ganz ähnliches Boot.

Der See Genezareth war in der Antike für seinen immensen Fischreichtum berühmt. Der Fischfang, die Fischverarbeitung und der Fischhandel stellten in neutestamentlicher Zeit die wichtigste Erwerbsquelle dar. Die durch Einsalzen konservierten Fische wurden auch in andere Regionen des östlichen Mittelmeerraums exportiert. Am Westufer des Sees drängten sich auf einer Strecke von etwa zwanzig Kilometern mit Kapernaum, Genezareth, Magdala und Tiberias vier Städte dicht aneinander, deren Einwohner überwiegend vom Fischreichtum des Sees lebten. Gefischt wurde meistens in der Nacht. Die Netze beschwerte man mit Blei- oder Steingewichten, wie sie von Archäologen zuhauf im See Genezareth gefunden wurden. Die Arbeit auf dem See war entbehrungsreich, nicht immer von Erfolg gekrönt und gefährlich. Durch Fallwinde aus dem Norden konnten unvermittelt Stürme losbrechen, welche die Wellen meterhoch aufwühlten. In der biblischen Geschichte von der Stillung des Sturmes durch Jesus spiegelt sich dies anschaulich wider. Unter den Jüngern Jesu befanden sich mit den beiden Brüderpaaren Petrus und Andreas sowie Jakobus und Johannes mindestens vier gelernte Fischer, die bis zum Eintritt in die Nachfolge mit dem entbehrungsreichen und harten Fischfang ihre Existenzgrundlage sicherten. Auch die Wundererzählung vom reichen Fischfang in Lukas 5 und die Parabel vom Fischnetz in Matthäus 13 knüpfen mit ihren Bildern an die soziale Wirklichkeit des galiläischen Fischerlebens an. Durch den sensationellen Fund von 1986 haben wir eine konkrete Vorstellung von den Booten, wie sie in neutestamentlicher Zeit beim Fischen zum Einsatz kamen oder von Jesus mit seinen Jüngern bei ihren Überfahrten über den See Genezareth benutzt wurden. Theoretisch könnte sogar Jesus selbst irgendwann einmal in diesem Boot gesessen haben.

12. Die „Bibel der Häretiker" aus Nag Hammadi

Unter der „Bibel der Häretiker" versteht man die 1945 entdeckten gnostischen Texte aus dem ägyptischen Nag Hammadi. In ihnen spiegelt sich ein Christentum wider, dessen Jesusbild und religiöses Denken in deutlicher Distanz zu den Inhalten der biblischen Schriften steht. Diese sogenannte christliche Gnosis wurde von der Großkirche früh als ketzerisch gebrandmarkt und auf das Schärfste bekämpft. Vielen Menschen unserer Zeit liegen dagegen manche der gnostischen Glaubensvorstellungen, die bis in moderne Strömungen von Esoterik und New Age hineinwirken, näher als die in der rechtgläubigen Kirche festgeschriebenen Dogmen.

Das griechische Wort *gnosis* bedeutet Erkenntnis. Unter der Gnosis versteht man eine religiöse Erlösungsbewegung der Spätantike. Sie zeichnet sich in der Deutung des menschlichen Daseins durch eine konsequente Haltung der Weltverneinung aus. Gleichzeitig wird durch die Vermittlung von Geheimwissen Rettung verheißen. Soziologisch war die Gnosis stark in der kaiserzeitlichen Stadtkultur verwurzelt, wo sie der gebildeten Oberschicht in Zeiten der Umwälzung Halt gab. Die Anfänge gnostischen Weltverständnisses liegen im Dunkel. Ob die Gnosis unabhängig vom Christentum aufkam oder als eine durch philosophisches Gedankengut inspirierte Spielart christlichen Denkens entstand, bleibt umstritten. Jedenfalls existieren auch gnostische Texte, die keinen christlichen Einfluss aufweisen.

Die Rekonstruktion der Gnosis konnte sich lange Zeit fast ausschließlich auf Darstellungen aus der Feder ihrer Gegner stützen. Kirchenväter wie Irenäus von Lyon, Hippolyt von

Rom oder Epiphanius von Salamis zitieren in ihren Schriften gegen die Häresien umfangreiche Passagen aus gnostischen Werken. Dabei neigen sie zur polemischen Schematisierung und bösartigen Verzerrung der Gnosis. Mit den Funden von Nag Hammadi als Originalzeugnissen gnostischen Denkens hat sich die Lage grundlegend geändert. Die gnostischen „Ketzer" kommen nun selbst zu Wort.

Die Codices aus Nag Hammadi

Die Texte aus Nag Hammadi gehören neben den Schriftrollen von Qumran zu den sensationellen Handschriftenfunden des 20. Jahrhunderts. Auch die Entdeckungsgeschichte ist in beiden Fällen ähnlich abenteuerlich. Im Dezember 1945 gruben Bauern in Oberägypten am Fuß eines Felshangs in der Nähe des Ortes Nag Hammadi nach natürlichem Nitratdünger. Anführer der Gruppe war ein gewisser Mohammed Ali Samman. In unmittelbarer Nähe des Felsbrockens, an dem sie ihre Kamele angebunden hatten, stießen sie beim Graben auf etwas Hartes, das sich als ein roter Tonkrug von etwa einem Meter Höhe entpuppte. Zunächst zögerten die

Fellachen, das versiegelte Gefäß zu zerschlagen, weil sie befürchteten, einen darin wohnenden Totengeist aufzuschrecken. Nachdem schließlich die Hoffnung auf einen Schatz den Sieg über die Angst davongetragen hatte, wurden sie jedoch enttäuscht: Anstelle des erhofften Goldes barg der Krug dreizehn in Leder gebundene Papyrus-Kodizes in sich. Sie enthalten mehr als fünfzig Schriften unterschiedlichster Art, in denen sich Vielfalt und Reichtum der antiken Gnosis eindrucksvoll widerspiegeln. Vertreten sind Evangelien, Briefe, Apokalypsen und liturgische Texte, aber auch philosophische Abhandlungen und sogar ein Ausschnitt aus Platons Werk über den Staat. Zusammengestellt wurde die Bibliothek von Nag Hammadi im 4. Jahrhundert. Bei den in koptischer Sprache verfassten Texten dürfte es sich überwiegend um Übersetzungen von griechischen Schriften handeln, die im 2. und 3. Jahrhundert entstanden sind. Vermutlich stammen die Funde von Nag Hammadi aus dem etwa zehn Kilometer entfernt gelegenen Kloster Chenoboskeia. Dort könnten sie angefertigt und später als häretisches Schrifttum aus der Bibliothek ausgesondert worden sein, um schließlich in einiger Entfernung vom Kloster in einem Krug vergraben zu werden.

Zunächst wurde der Wert des Fundes nicht erkannt. Mohammed Ali und sein Bruder nahmen die Kodizes mit nach Hause. Dort verwendete ihre Mutter in der Annahme, es handele sich um wertlose Bücher oder gar um Zaubertexte mit schädigender Wirkung, einen kleineren Teil davon zum Heizen. Da Mohammed Alis Familie in einer Blutfehde mit einem feindlichen Clan aus einem der Nachbardörfer lag und mit der polizeilichen Durchsuchung ihres Hauses nach Waffen rechnen musste, wurde der Fund (dessen Aneignung rechtlich als Grabraub gewertet werden konnte) bei einem koptischen Priester deponiert, dessen geschäftstüchtiger

Schwager 1946 einen der Bände an das Koptische Museum in Kairo verkaufte. Ein weiterer Kodex wurde von einem belgischen Antiquitätenhändler außer Landes gebracht und 1951 vom Züricher Carl-Gustav-Jung-Institut erworben, bevor er 1975 nach Ägypten zurückkehrte. Die anderen Bände des Fundes waren Ende der 1940er Jahre über verschiedene Zwischenhändler bei einem Kairoer Antiquitätenhändler gelandet. Sie wurden vom Department of Antiquities gegen Entschädigung konfisziert und zum Nationaleigentum erklärt. Letztlich gelangte der gesamte Fund von Nag Hammadi damit auf verschlungenen Wegen in den Besitz des ägyptischen Staates und wurde in die Bestände des Koptischen Museums in Kairo aufgenommen.

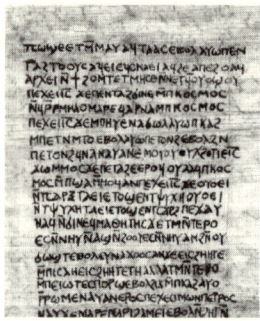

Textdokument aus Nag Hammadi

Die Originalzeugnisse aus Nag Hammadi vermitteln ein deutlich klareres Bild von den gnostischen Lehren, als dies in den polemischen Darstellungen der Kirchenväter der Fall ist. Dabei zeigt sich, dass die Gnostiker ein ganz anderes Verständnis von Gott und der Welt, von Schöpfung und Erlösung haben, als es aus der Bibel und den christlichen Glaubensbekenntnissen bekannt ist. Die Mehrzahl der gnostischen Systeme ist durch einen strengen kosmischen Dualismus gekennzeichnet: Gott hat als transzendente, überweltliche Gestalt keinerlei

Anteil am Kosmos. Die Weisheit (Sophia) brachte ohne Mitwirken Gottes oder sogar gegen seinen erklärten Willen den Weltschöpfer (oder „Demiurgen") hervor, der in den gnostischen Schriften mit überwiegend negativen Attributen versehen wird. Die Welt selber wird von bösartigen Planetenherrschern (Archonten) regiert und ist damit nicht die bergende Heimat des Menschen, sondern eine ihm feindliche Macht. Zu den Grundlinien gnostischen Denkens zählt weiterhin die Vorstellung, dass der Mensch einen nach Erlösung strebenden göttlichen Funken in sich trägt. Dabei setzt die Gnosis einen aus der platonischen Philosophie bekannten Leib-Seele-Dualismus voraus, der das wahre Ich im materiellen Körper eingesperrt und in der feindlichen Welt gefangen sieht. Erlösung besteht nach der gnostischen Weltanschauung darin, dass sich nach dem Tod der göttliche Lichtteil im Menschen vom Körper trennt und die Himmelsreise antritt. Durch die rettende Erkenntnis, die den Menschen zur Einsicht in seine wahre Natur und seinen himmlischen Ursprung bringt, vermag die Seele durch die Planetensphären in die heimatlichen Himmelsgefilde zurückzukehren. In diesem Zusammenhang spielen in zahlreichen gnostischen Texten Magie und Dämonenglaube eine zentrale Rolle. Obwohl die Gnosis eine Selbsterlösung durch Erkenntnis und Weltflucht propagiert, begegnen in vielen Systemen Erlösergestalten, darunter auch Jesus Christus. Diese vermitteln im Auftrag des höchsten Gottes die Heilsbotschaft von der rettenden Erkenntnis, weisen dem Menschen den Weg der Befreiung aus dem Kosmos und helfen teilweise auch der Seele bei ihrem Aufstieg. Dem Kreuzestod Jesu kommt dagegen im gnostischen Denken keine Heilsbedeutung zu. Jesus Christus wird als höheres Lichtwesen betrachtet, das seit Anbeginn in der göttlichen Welt beim Vater weilt und niemals wirklich Mensch werden kann. Begleiterscheinungen der Gnosis sind deshalb der Doketismus, der die gesamte irdische Existenz Christi als eine Scheinexistenz betrachtet, oder die Unterscheidung zwischen dem leidenden Jesus und dem nicht leidensfähigen Christus als unterschiedlichen Personen, die sich nur vorübergehend verbunden haben.

Aus den Evangelien von Nag Hammadi ergeben sich kaum neue Rückschlüsse auf den geschichtlichen Jesus. Es handelt sich um fiktive Werke, in denen Jesus ausgewählten Vertrauten geheime Offenbarungen zuteilwerden lässt. Diese Offenbarungen bestehen aus gnostischen Lehren, die als Verkündigung Jesu ausgegeben werden, um ihnen besondere Autorität zu verleihen. Eine Ausnahme macht das Thomasevangelium, das keine Geheimunterweisungen enthält, in geringerem Maße als die anderen Schriften gnostische Elemente aufweist und in der Bibliothek von Nag Hammadi bis zu einem gewissen Grade wie ein Fremdling wirkt. Es wird zuweilen als fünftes Evangelium oder wegen seines geringen Bekanntheitsgrades und außerkanonischen Charakters auch als geheimes Evangelium bezeichnet. Das griechische Original entstand vermutlich Mitte des 2. Jahrhunderts in Syrien und gelangte dann nach Ägypten, wo es ins Koptische übersetzt wurde. In der literarischen Form unterscheidet es sich grundlegend von den biblischen Evangelien. Es bietet keine zusammenhängende Erzählung über das Leben Jesu. Kreuzestod und Auferstehung kommen überhaupt nicht vor. Stattdessen sind einzelne Worte Jesu und seltener auch kürzere Erzählungen in insgesamt 114 Sprüchen vereinigt, die ohne chronologischen oder geografischen Rahmen einfach aneinandergehängt werden.

Vor allem einige nordamerikanische Bibelwissenschaftler tendieren zu der Annahme, dass das Thomasevangelium mit seiner reinen Spruchsammlung älter als die biblischen Evangelien sei und uns einen direkteren Zugang zum geschichtlichen Jesus als Weisheitslehrer oder kynischem Philosophen eröffne. Obwohl das Thomasevangelium punktuell eine Abhängigkeit von den biblischen Evangelien erkennen lässt, hat es andererseits in der Tat auch sehr altes Traditionsgut bewahrt. Es enthält sogar einige in den neutestamentlichen Schriften nicht belegte Überlieferungen, die mit hoher Wahrscheinlichkeit der historischen Verkündigung Jesu zugerechnet werden können. Dazu gehört das anstößige Gleichnis vom Attentäter, das vom Thomasevangelium als Spruch 98 überliefert wird. In dieser Gleichniserzählung veranschaulicht Jesus das rechte Verhalten angesichts des anbrechenden Gottesreiches am Beispiel des von Umsicht und Entschlossenheit gekennzeichneten Handelns eines Mörders. Allerdings sollte man aus dem Thomasevangelium nicht den Fehlschluss ziehen, am Anfang der kirchlichen Entwicklung habe ein Christentum gestanden, das Jesus allein als Weisheitslehrer verehrt habe und dem die Botschaft von Kreuz und Auferstehung völlig fremd gewesen sei. Unter den Texten aus Nag Hammadi rückt neben dem Thomasevangelium immer wieder auch eine andere Schrift in den Blickpunkt, nämlich das Evangelium des Philippus – und zwar vor allem deshalb, weil dort Maria Magdalena eine zentrale Rolle spielt. Davon wird noch im Zusammenhang mit dem *Da Vinci Code* die Rede sein.

Schwer zu beantworten ist die Frage, ob man mit der Bibliothek von Nag Hammadi tatsächlich so etwas wie die „Bibel der Häretiker" vor sich hat, also ein Konkurrenzbuch zum kanonischen Neuen Testament, das in den gnostischen Gemeinden an dessen Stelle trat und als allein autoritative Schrift betrachtet wurde. Von den jeweils vertretenen Literaturgattungen her zeigen sich Übereinstimmungen. Die Bibliothek von Nag Hammadi enthält, darin dem Neuen Testament vergleichbar, mehrere Evangelien, eine der Apostelgeschichte vergleichbare Schrift mit dem Titel *Taten des Petrus und der zwölf Apostel*, zwei Jakobus bzw. Philippus zugeschriebene

Apostelbriefe und etliche Apokalypsen, die besonders breiten Raum einnehmen. Allerdings wissen wir im Grunde genommen nichts darüber, inwieweit solche Werke in gnostischen Gemeinden die biblischen Bücher als Heilige Schrift verdrängt haben. Der Gnosisexperte Christoph Markschies ist diesbezüglich skeptisch und vermutet, dass die Schriften von Nag Hammadi bei den Gnostikern eher eine Art Ergänzung zur kanonischen Bibel darstellten. Möglicherweise seien sie lediglich einem exklusiven Kreis „Erkennender" zugänglich gewesen, welche die biblischen Bücher in ihrem Lichte lasen und interpretierten. Dann träfe der Ausdruck „Bibel der Häretiker" nur in sehr eingeschränktem Sinne auf die Bibliothek von Nag Hammadi zu.

Von der Großkirche wurden die christlichen Gnostiker als Häretiker bekämpft und radikal ausgegrenzt. Vielfach wird daher eine Rehabilitierung der Gnosis gefordert. Elaine Pagels plädiert im Blick auf die Spiritualität des gnostischen Thomasevangeliums für ein erneuertes Christentum, das sich auf seine ursprüngliche Weite und Vielfalt besinnt. Gerd Lüdemann vertritt die Auffassung, die Ketzerinnen und Ketzer des 2. Jahrhunderts stünden Jesus mindestens genauso nahe wie die Rechtgläubigen und müssten daher in die Kirche heimkehren. Das Neue Testament sei die Sammlung der siegreichen Partei, die nach altbewährtem Rezept die Dokumente der unterlegenen Gruppen ausgeschieden, unterdrückt und schließlich ausgerottet habe. Diese Sehweise ist insofern nicht ganz falsch, als die Gnosis nicht nur wegen ihrer Inhalte, sondern auch wegen ihres subversiven, sich der institutionellen Kontrolle entziehenden Charakters argwöhnisch beäugt und vehement bekämpft wurde. Allerdings gab es gute theologische Gründe dafür, den Gnostikern die Rechtgläubigkeit abzusprechen. Das bis heute sehr einflussreiche Denken der Gnostiker steht nämlich in deutlichem Widerspruch zum

Schöpfungsverständnis und zur Erlösungslehre der Bibel. Dennoch sollte nicht übersehen werden, dass in den ersten Jahrhunderten in vielen Kirchengebieten die Gnosis die vorherrschende Form des Christentums war. Durch die Textfunde von Nag Hammadi hat sich unser Wissen über diese wichtige Strömung innerhalb der alten Kirche und über die Vielfalt christlichen Denkens in der Antike enorm erweitert.

13. „Sakrileg" oder der „Da-Vinci-Code"

Dan Browns Kriminalroman *The Da Vinci Code* von 2003, der auf dem deutschsprachigen Markt unter dem reißerischen Titel *Sakrileg* erschien, gehört zu den kommerziell erfolgreichsten Büchern aller Zeiten. Weltweit gingen allein in den ersten fünf Jahren mehr als fünfzig Millionen Exemplare über die Ladentische. Im Jahr 2006 kam zudem eine Hollywood-Verfilmung mit Starbesetzung in die Kinos, die künstlerisch wie wirtschaftlich allerdings deutlich hinter den Erwartungen zurückblieb.

Der Hochspannung garantierende Thriller besticht durch eine komplexe und facettenreiche Verschwörungstheorie. Im Mittelpunkt der Handlung steht der in Harvard lehrende Symbolforscher Robert Langdon (der im Film von Tom Hanks verkörpert wird). Er nimmt an einer Konferenz in Paris teil, als Jacques Saunière, der Chefkurator des Louvre, vor dem Gemälde der Mona Lisa ermordet aufgefunden wird. Langdon wird von der Polizei des Mordes verdächtigt, da er zur Tatzeit eine Verabredung mit dem Toten hatte, und beginnt daraufhin mit eigenen Nachforschungen. Unterstützung erhält er dabei von der Kryptologin Sophie Neveu, bei der es sich um die Enkelin des Ermordeten handelt. Im Laufe der Romanhandlung stellt sich heraus, dass Sophie Neveu eine Nachfahrin von Jesus und Maria Magdalena ist. Ihr ermordeter Großvater war ein führendes Mitglied der Geheimgesellschaft „Prieuré de Sion", die als Nachfolger des Templerordens das Geheimnis des Heiligen Grals hütet. Hinter dem Mord scheint die Organisation Opus Dei mit dem Killer Silas zu stecken, die das geheime Wissen um die Familie Jesu unter Verschluss halten möchte, da es die Grundfesten der Kirche gefährden würde. Als eigentlicher Bösewicht entpuppt sich am Ende jedoch überraschend der in Frankreich lebende Brite Sir Leigh Teabing, der als Experte in allen Fragen um den Heiligen Gral gilt: Er hat Jacques Saunière als Verräter an der Sache des Grals ermorden lassen, da dieser dem Auftrag der Prieuré de Sion nicht nachgekommen sei, das Geheimnis um die Nachkommen Jesu beim Anbruch des 3. Jahrtausends, der den Beginn der Endzeit markiere, öffentlich zu machen. Dieses Verhalten Saunières wiederum ist darauf zurückzuführen, dass er von der Kirche mit rabiaten Mitteln zum Schweigen gebracht worden war: Sie hatte mehrere tödliche Unfälle in seinem familiären Umfeld arrangiert und auch mit der Ermordung seiner Enkelin Sophie gedroht.

Für Furore sorgte der *Da Vinci Code* vor allem durch die Behauptung, Jesus habe erwiesenermaßen mit Maria Magdalena eine Tochter namens Sarah gezeugt und die Nachfahren aus dieser Linie lebten bis heute in Frankreich, während römisch-katholische Kreise auch vor Mord nicht zurückschreckten, um dieses Geheimnis vor der Öffentlichkeit zu verbergen. Eine zentrale Rolle kommt dabei der mittelalterlichen Legende vom Heiligen Gral zu. Der Heilige Gral sei kein Gefäß, sondern der Leib Maria Magdalenas, der Jesu Nachkommenschaft getragen habe. Dies sei auch Leonardo da Vinci bekannt gewesen und von ihm in verschlüsselter Form in sein Gemälde *Das Abendmahl* eingebracht worden. Ursprünglich sei nicht Petrus, sondern Maria Magdalena von Jesus auserkoren worden, die tragende Rolle in der Kirche zu übernehmen. Dies gehe ebenso wie ihre eheliche Verbindung mit Jesus unwiderlegbar aus den gnostischen Evangelien als den ältesten Zeugnissen des Christentums hervor. Später seien der von Maria Magdalena repräsentierte „Kult der großen Mutter" und das Wissen um ihre Ehe mit Jesus unterdrückt worden. Das Konzil von Nizäa habe im Jahr 325 Jesus für göttlich erklärt und damit das ursprüngliche Christentum verfälscht. Die Wahrheit über Jesus und Maria Magdalena werde seit dem Mittelalter von einer dem Templerorden nahestehenden Geheimgesellschaft namens „Prieuré de Sion" am Leben erhalten, während die römisch-katholische Kirche in Gestalt des Opus Dei sie mit allen Mitteln zu unterdrücken suche.

Dan Brown erhebt den Anspruch, die fiktive Handlung seines Romans mit historischen Fakten angereichert zu haben. Auf den ersten Seiten seines Buches betont er, dass die angeblich seit dem Mittelalter bestehende Prieuré de Sion genau wie das Opus Dei eine real existierende Organisation sei. Zugleich wird bekräftigt, dass alle im Roman erwähnten Werke der Kunst, Architektur und Literatur wahrheitsgetreu dargestellt oder wiedergegeben würden. Historiker, Kunstgeschichtler und Theologen kritisieren dagegen, dass Brown sich überwiegend auf obskure Gewährsleute stützt und seine Darstellung in allen zentralen Punkten dem wissenschaftlichen Konsens zuwiderläuft. Die Behauptung etwa, dass auf Leonardo da Vincis *Abendmahl* Maria Magdalena anstatt Johannes zu sehen sei, wird von kaum einem seriösen Kunsthistoriker geteilt. Der Glaube an die Göttlichkeit Jesu ist entgegen der Darstellung Browns keine Erfindung des Konzils von Nizäa, sondern durchzieht bereits alle Schriften des Neuen Testaments. Zudem ist die Behauptung falsch, dass die Gnosis die ursprüngliche Form des Christentums repräsentiere und dabei Jesus Christus als normalen sterblichen Menschen betrachtet habe. Vielmehr setzt das gnostische Schrifttum erst in der Mitte des 2. Jahrhunderts ein und porträtiert Christus als göttlichen Offenbarer aus der himmlischen Welt des Lichts.

Besonders fraglich sind die Spekulationen um den Heiligen Gral und die Prieuré de Sion, die Dan Brown ebenso wie die tendenziöse Interpretation der gnostischen Schriften seinen Gewährsleuten Henry Lincoln, Michael Baigent und Richard Leigh verdankt. Deren pseudowissenschaftliche Untersuchung *Der Heilige Gral und seine Erben* wird im 60. Kapitel des Romans als bedeutsames Werk gewürdigt, dessen Grundannahmen im Ganzen der Wahrheit entsprächen und dem das Verdienst gebühre, die Thematik der Dynastie Jesu Christi einer breiteren Öffentlichkeit bekannt gemacht zu haben. Zudem verweist im Roman die Figur des Gralsexperten Leigh Teabing auf das Autorentrio. Sein Vorname spielt auf Richard Leigh an, während der Nachname ein Kryptogramm von Baigent darstellt und in die Beschreibung seiner äußeren Erscheinung Züge von Henry Lincoln eingeflossen sind. Im Jahr 2006 sah sich Dan Brown dann einer Klage wegen Plagiats vonseiten Michael Baigents und Richard Leighs ausgesetzt. Der Vorwurf, dass Brown in unerlaubter Weise Ideen aus ihrem Werk übernommen habe, wurde vom Obersten Gerichtshof in London allerdings nicht für begründet gehalten.

Henry Lincoln, Michael Baigent und Richard Leigh stellen in ihrem 1982 erschienenen Buch über den Heiligen Gral die Behauptung auf, dass Jesus als Priesterkönig aus dem Geschlecht Davids Nachkommen mit Maria Magdalena hatte, um das dynastische Erbe zu sichern. Nach der nur inszenierten Kreuzigung sei Jesus körperlich zu schwach gewesen, um Maria Magdalena und die gemeinsamen Kinder in das Refugium im Süden Galliens zu begleiten. Im Laufe des 5. Jahrhunderts hätten sich dort die Nachkommen Jesu durch Heirat mit der königlichen Linie der Franken verbunden und damit die Dynastie der Merowinger begründet, die bis heute alle Ausrottungsversuche überlebt habe. Der Heilige Gral sei nicht der Abendmahlskelch, sondern symbolisiere als „Sang Real" das königliche Blut und somit die Nachkommenschaft Jesu, zu deren Bewachern die Ritter des von der Prieuré de Sion ins

Leben gerufenen Templerordens ernannt worden seien. Das erklärte Ziel dieser Geheimorganisation bestehe bis heute in der Wiederaufrichtung der merowingischen Dynastie, und zwar nicht nur in Frankreich, sondern auch in anderen europäischen Staaten.

Dabei sind die Autoren allerdings einer mäßig raffinierten Hochstapelei auf den Leim gegangen. Die für Dan Browns Romanhandlung so bedeutsame Prieuré de Sion hat sich als eine erst in den 1950er Jahren gegründete Organisation erwiesen, die am äußeren rechten Rand des politischen Spektrums anzusiedeln ist. Die Leitfigur dieses zwielichtigen Geheimbundes war der in jungen Jahren mit dem Nationalsozialismus sympathisierende und massiv gegen Juden hetzende Monarchist Pierre Plantard (1920–2000), der sich später mit dem Beinamen „de Saint-Clair" schmückte. Er suchte seinen Anspruch auf den französischen Thron durch eine angebliche Abstammung von den Merowingern zu legitimieren und schob dabei der Pariser Nationalbibliothek über einen Mittelsmann Dokumente unter, welche die angeblich bis ins Mittelalter zurückreichende Geschichte der geheimen Zionsbruderschaft belegen sollten. Unter diesen Fälschungen befand sich neben einer auf Pierre Plantard zulaufenden fiktiven Genealogie der Merowinger auch eine frei erfundene Liste der Großmeister der Geheimgesellschaft, auf der die Namen renommierter Persönlichkeiten wie Leonardo da Vinci, Isaac Newton oder Victor Hugo begegnen. Dan Brown nimmt diese bei Veröffentlichung des *Da Vinci Code* längst als plumpe Fälschungen enttarnten „geheimen Dossiers" nicht nur ungeprüft für bare Münze, sondern offenbart seinem Lesepublikum am Ende zu allem Überfluss auch noch, dass Sophie Neveus eigentlicher Familienname „Plantard de Saint-Clair" laute.

Auch die Informationen über eine in gnostischen Quellen vermeintlich verbürgte Ehe zwischen Jesus und Maria Magdalena verdankt Dan Brown im Wesentlichen dem *Heiligen Gral und seinen Erben*. In einer der Schlüsselszenen des Romans lässt er seinen Gralsexperten Leigh Teabing unter einem Stapel von Büchern einen in Leder gebundenen Folianten mit der Aufschrift *Die gnostischen Evangelien* hervorziehen und erklären: „Das sind Fotokopien der bereits erwähnten Schriftrollen von Nag Hammadi und vom Toten Meer, die frühesten Dokumente des Christentums." Dann blättert er zur Mitte des Buches, um aus dem Evangelium des Philippus einen Passus zu zitieren, der die Ehe zwischen Jesus und Maria Magdalena als historisch verbürgte Tatsache erweisen soll. An dieser Szene ist so ziemlich alles falsch. Erstens befinden sich unter den Schriftrollen vom Toten Meer keine christlichen Zeugnisse und schon gar keine gnostischen Evangelien; zweitens handelt es sich bei den Texten von Nag Hammadi mitnichten um die frühesten Dokumente des Christentums; und drittens sind im apokryphen Evangelium des Philippus keine zuverlässigen Nachrichten über eine Liebesbeziehung Jesu mit Maria Magdalena enthalten. Wenn Dan Brown den Eindruck erweckt, die Schriftrollen von Qumran enthielten Geheimnisse über das frühe Christentum, ist er offenkundig wiederum von Michael Baigent und Richard Leigh inspiriert. Deren Bestseller *The Dead Sea Scrolls Deception* aus dem Jahr 1991 mit der Verschwörungstheorie, der Vatikan habe die Publikation der Qumrantexte zu unterdrücken versucht, weil sie die Existenz der Kirche gefährdende Wahrheiten enthielten, erwies sich allerdings (wie bereits erwähnt) als reines Fantasiegebilde. Wesentlicher ernster ist Browns Verweis auf die gnostischen Evangelien des Philippus und der Maria zu nehmen, denn dort spielt in der Tat Maria Magdalena eine zentrale Rolle.

Das Evangelium des Philippus zählt zu den sensationellen Funden von Nag Hammadi. Es handelt sich um die koptische

Übersetzung eines verloren gegangenen griechischen Originals, das vermutlich im späten 2. Jahrhundert von Anhängern des Gnostikers Valentinus verfasst wurde. Es gehört damit keineswegs zu den frühesten Dokumenten des Christentums, sondern ist deutlich jünger als die zwischen 50 und 110 entstandenen neutestamentlichen Schriften. Im *Da Vinci Code* wird aus dem Evangelium des Philippus die Passage „Und die Gefährtin des Erlösers war Maria Magdalena. Christus liebte sie mehr als seine Jünger und küsste sie oft auf den Mund" zitiert. Sophies Einwand, dass dies aber noch keinen Beleg für eine Ehe zwischen Jesus und Maria darstelle, kontert Leigh Teabing triumphierend: „Au contraire! Jeder, der des Aramäischen mächtig ist, wird Ihnen bestätigen, dass das Wort Gefährtin in jenen Tagen nichts anderes als Ehefrau bedeutet hat." Diese Szene kann nur Kopfschütteln hervorrufen. Zum einen ist die Sprache des Philippusevangeliums aus Nag Hammadi nicht Aramäisch, sondern Koptisch (eine Weiterentwicklung der altägyptischen Sprache), und zum anderen stellt das für Gefährtin verwendete Wort mitnichten einen klaren Hinweis auf eine sexuelle Beziehung oder eine Ehe dar. Dahinter verbirgt sich die gnostische Vorstellung, dass die Wesen aus der himmlischen Welt stets paarweise vorkommen und so höchste Vollkommenheit verkörpern. Als Gefährtin oder Paargenossin Jesu verkörpert Maria Magdalena gewissermaßen seine weibliche Seite und lässt ihn so vollkommen werden. Auch das Küssen ist im Philippusevangelium kein erotischer Akt oder gar ein versteckter Hinweis auf Geschlechtsverkehr, sondern ein Gestus, der die spirituelle Befruchtung symbolisiert und mit dem die Gnostiker sich gegenseitig ihrer innigen geistlichen Gemeinschaft versichern. Unzutreffend ist zudem die Nebenbemerkung von Robert Langdon in der betreffenden Romanszene, ein zölibatäres Leben Jesu sei nach jüdischem Brauch undenkbar gewesen. Das Beispiel der Essener zeigt, dass trotz des biblischen Auftrages zur Fortpflanzung die Ehelosigkeit im antiken Judentum sehr wohl eine denkbare Option darstellte.

Aus dem ebenfalls gnostischen Evangelium der Maria leitet Dan Brown die These ab, dass Jesus nicht Petrus als Sachwalter eingesetzt, sondern die Zukunft seiner Kirche in die Hände der Maria (Magdalena) gelegt habe. Das ist in dieser Absolutheit falsch, wurde aber in der Tat von bestimmten gnostischen Strömungen so gesehen. Das Evangelium der Maria stammt nicht aus Nag Hammadi, wie man nach der Lektüre des Romans vermuten könnte, sondern findet sich in einem koptischen Kodex, der Ende des 19. Jahrhunderts auf dem Antiquitätenmarkt in Kairo erworben wurde und bald darauf in die ägyptische Sammlung der Staatlichen Museen in Berlin gelangte. Im 20. Jahrhundert fand man in Ägypten auch zwei Fragmente in der griechischen Ursprache, die heute in britischen Bibliotheken aufbewahrt werden. Wie bei anderen gnostischen Evangelien auch, spielt die Handlung der nicht vollständig erhaltenen Schrift offenbar in der Situation nach Ostern. Sie bietet einen fiktiven Dialog des auferstandenen Erlösers mit seinen Jüngerinnen und Jüngern, denen er erscheint, um mit ihnen grundlegende Fragen des gnostischen Weltverständnisses und Menschenbildes zu erörtern. Dabei wird Jesus die gnostische Erlösungslehre in den Mund gelegt, um ihr besondere Autorität zu verleihen.

Wenn Brown diese Schrift aus dem 2. Jahrhundert zu den alten und unverfälschten Evangelien rechnet, geht dies völlig an der Sache vorbei. Historische Rückschlüsse auf das Verhältnis zwischen Jesus und Maria Magdalena bietet das Evangelium der Maria nicht. Allerdings ist es ein faszinierendes Dokument einer Strömung des Christentums, für die nicht Petrus, sondern Maria Magdalena die entscheidende Größe war und eine Lehrautorität von Frauen kein Problem darstellte. Während in der etablierten Großkirche die anfangs noch gleichberechtigte Frau längst aus den Leitungsfunktionen hinausgedrängt worden war, spielten Frauen in den gnostischen Gemeinden eine zentrale Rolle und beriefen sich dabei auf Maria Magdalena. Im Evangelium der Maria wird sie daher als Lieblingsjüngerin porträtiert, welche die Jünger nach Ostern tröstet, sie aus der Unentschlossenheit herausreißt und ihnen auf Drängen des Petrus die Geheimoffenbarungen Jesu mitteilt. Eine ähnlich hervorgehobene Position hat Maria Magdalena in der von Dan Brown nicht erwähnten *Pistis Sophia* inne. In diesem gnostischen Evangelium aus dem 3. Jahrhundert überragt sie alle Jünger und erörtert die entscheidenden theologischen Fragen mit dem auferstandenen Erlöser. Neutestamentliche Traditionen wie Lukas 8,1–3 oder Markus 15,40–41 lassen noch erahnen, dass die geschichtliche Maria Magdalena in der Jesusbewegung der Bedeutung nach dem Apostel Petrus kaum nachstand. Zudem war sie die erste Osterzeugin, was bereits von der Auferstehungstradition, die Paulus im 15. Kapitel des 1. Korintherbriefs wiedergibt, unterschlagen wird. In der Gnosis wurde die Erinnerung an die zentrale Rolle der Maria Magdalena in der Jesusbewegung wachgehalten, wobei die davon zeugenden Dokumente allerdings literarische Fiktionen des 2. und 3. Jahrhunderts sind. Sie wollen esoterischen Lehren der Gnosis Autorität verschaffen, indem sie sie als von Jesus an Maria Magdalena ergangene Geheimoffenbarung ausgeben.

Damit ist dann Dan Browns Spekulationen um eine Ehe Jesu mit Maria Magdalena und daraus hervorgegangenen Nachwuchs die Grundlage entzogen. Sie basieren auf einer gravierenden Fehlbeurteilung der gnostischen Evangelien und weitgehender Unkenntnis der Charakteristika gnostischer Theologie. Allen hochtrabenden historischen Ansprüchen seines Verfassers zum Trotz sollte man den Roman von Dan

Brown als das nehmen, was er wirklich ist: ein spannender und das Lesepublikum fesselnder Thriller, dessen Handlung aber von der ersten bis zur letzten Zeile frei erfunden ist und keinerlei Geheimnisse über Jesus oder die Kirche enthüllt.

14. Der Verräter in neuem Licht – das Judasevangelium

Die Präsentation des koptischen Judasevangeliums durch die National Geographic Society im Frühjahr 2006 zog nicht ganz zu Unrecht die Kritik auf sich, von kalkulierter Sensationsmache und handfesten kommerziellen Interessen geleitet zu sein. Dennoch handelte es sich um eine wirkliche bibelwissenschaftliche Sensation. Mit diesem Text trat eine apokryphe Evangelienschrift an die Öffentlichkeit, die bislang nur aus Kirchenväternotizen bekannt war und ein völlig neues Licht auf den Verräter wirft. Der älteste Zeuge für die Existenz eines Judasevangeliums ist der Bischof Irenäus von Lyon, der sich im späten 2. Jahrhundert in einer aus fünf Büchern bestehenden Abhandlung mit christlichen Irrlehren seiner Zeit auseinandersetzte und dabei vor allem die Gnosis bekämpfte. In diesem Zusammenhang findet sich die Bemerkung, dass in gnostischen Kreisen dem Verräter Judas höchste Verehrung zuteilwerde und dort sogar ein Evangelium unter seinem Namen kursiere. Dieses Werk betrachte Judas als denjenigen Jünger, der allein im Besitz der Wahrheit gewesen sei und aufgrund der Erkenntnis, dass die wahre göttliche Macht nicht mit dem Schöpfergott des Alten Testaments gleichgesetzt werden dürfe, das Geheimnis des Verrats begangen habe. Mit dem nun vorliegenden koptischen Judasevangelium lassen sich die Aussagen des Irenäus erhärten und weiter erhellen.

Das koptische Judasevangelium hat eine aufregende Entdeckungsgeschichte hinter sich, in deren Verlauf die Handschrift schweren Schaden genommen hat. Irgendwann in den späten 1970er Jahren stießen Bauern in Mittelägypten nahe dem Nilufer auf eine Grabhöhle. Darin befand sich neben menschlichen Überresten auch ein verwitterter Kalksteinkasten, der einen in Leder gebundenen Kodex in sich barg. Wie sich später herausstellen sollte, handelte es sich um einen Papyruskodex, der mindestens vier gnostische Schriften enthielt, darunter eben auch das apokryphe Judasevangelium. Bald nach seiner Entdeckung fand der Kodex über einen Mittelsmann den Weg zu einem Antiquitätenhändler in Kairo, der unter dem Decknamen Hanna Asabil bekannt geworden ist. Wenig später wurde er von Einbrechern gestohlen und außer Landes geschafft, um im Juni 1982 in Genf unter obskuren Begleitumständen wieder in die Hände von Asabil zurückzugelangen. Es gibt wilde Gerüchte, dass dabei massive Drohungen vonseiten des Bestohlenen mit im Spiel gewesen seien, der von Anfang an Personen aus dem Umfeld eines griechischen Kunsthändlers im Verdacht hatte. Die Handschrift wurde nun in einem Schweizer Banktresor verwahrt und verdeckt auf dem internationalen Antikenmarkt angeboten. Im Mai 1983 wurde der Kodex dann gemeinsam mit anderen Handschriften in einem schmuddeligen Genfer Hotelzimmer von einem dreiköpfigen Expertenteam aus den USA in Augenschein genommen, zu dem auch der renommierte Papyrologe Ludwig Koenen von der University of Michigan in Ann Arbor gehörte. Der Kodex war in einem mit Zeitungspapier ausgeschlagenen Pappkarton verwahrt und befand sich schon damals in einem erbarmungswürdigen Zustand. Ein Ankauf scheiterte an den überzogenen finanziellen Vorstellungen von Asabil, der für die Handschriften die gigantische Summe von drei Millionen Dollar forderte.

Im Jahr 1984 begab sich Hanna Asabil mit dem immer mehr zerfallenden Kodex in die USA und hoffte, dort mithilfe koptischer Gemeinden einen seinen Vorstellungen entsprechenden Verkaufspreis zu erzielen. Aber auch dieser Versuch scheiterte, obwohl er die geforderte Summe mittlerweile auf eine Million Dollar reduziert hatte. Daraufhin wurde der Kodex in ein nicht klimatisiertes Bankschließfach auf Long Island gebracht und dort sechzehn Jahre lang verwahrt, bis ihn die in Ägypten geborene Schweizer Kunsthändlerin Frieda Tchacos Nussberger im April 2000 erwarb. Diese bot den Kodex zunächst der Yale University zum Kauf an, die nach mehrmonatiger Begutachtung zwar den herausragenden wissenschaftlichen Wert der Handschrift bestätigte, wegen ihrer zweifelhaften Herkunft aus einer Grabplünderung und der damit verbundenen besitzrechtlichen Probleme aber von einem Erwerb Abstand nahm. Frieda Tchacos Nussberger fand in dem Kunsthändler Bruce Ferrini aus der Nähe von Cleveland in Ohio bald einen anderen Käufer, der jedoch seinen Zahlungsverpflichtungen nicht nachkam und den Kodex nach fünf Monaten wieder an sie zurückgeben musste. Ferrini hatte den Kodex in einem Gefrierschrank gelagert und dem empfindlichen Papyrus dadurch die Flüssigkeit entzogen, wodurch der Verfallsprozess besonders rapide fortschritt. Zudem fehlten bei der Rückgabe der Handschrift zwei Seiten des Judasevangeliums, die später bei einem New Yorker Privatsammler auftauchten.

Nach dieser Odyssee erwarb schließlich 2001 die Maecenas-Stiftung für antike Kunst in Basel die mittlerweile als Codex Tchacos bezeichnete Handschrift und bezog die National Geographic Society in die geschickt organisierte Vermarktung ein. Mit der Rekonstruktion und wissenschaftlichen Auswertung des Textes wurde ein dreiköpfiges Expertenteam beauftragt, das aus Rudolph Kasser, Florence Darbre und Gregor Wurst bestand. Als Kasser den Kodex erstmals in Händen hielt, war er nach eigenem Bekunden zutiefst erschüttert, da er in seinem langen Forscherleben noch niemals eine Handschrift in einem derart katastrophalen Zustand vor Augen gehabt hatte. Während der Kodex im trockenen Wüstenklima Ägyptens über 1600 Jahre hinweg weitgehend unversehrt geblieben war, hatte er bei seiner gut zwanzigjährigen Irrfahrt über drei Kontinente mit stetiger Aufbewahrung in nicht klimatisierten Räumen immensen Schaden genommen und stand unmittelbar vor dem vollständigen Zerfall. Zudem war er zur Anfertigung von Fotografien für potenzielle Käufer mehrfach unsachgemäß geöffnet worden und dabei der Breite nach in zwei Teile zerbrochen. Im Frühjahr 2009 gelangten nach längerem juristischem Tauziehen weitere von Bruce Ferrini unterschlagene Fragmente des Judasevangeliums in die Hand der Maecenas-Stiftung. Der Insolvenzverwalter Ferrinis hatte die betreffenden Papyrusseiten auf der Suche nach Wertgegenständen in dessen Villa in Akron (Ohio) aufgespürt. Dort waren sie im Pumpenraum des Swimmingpools versteckt.

Wissenschaftliche Untersuchungen zeigten, dass der Codex Tchacos aus dem späten 3. oder frühen 4. Jahrhundert stammt. Bei dem von ihm gebotenen Judasevangelium handelt es sich um die koptische Übersetzung des verloren gegangenen griechischen Originals aus dem 2. Jahrhundert. Obwohl der Text aufgrund des katastrophalen Zustandes der Handschrift zu mehr als einem Zehntel unwiderruflich zerstört ist, lässt sich der Inhalt des Judasevangeliums weitgehend rekonstruieren. Es berichtet von den letzten Tagen Jesu in Jerusalem und endet mit dem Verrat des Judas. Historisch trägt das Werk nichts zur Erhellung der Ereignisse um den Tod Jesu und der Rolle, die Judas in diesem Zusammenhang spielte, bei. Es wartet nicht mit verlässlichen Informationen auf, die neues Licht auf den geschichtlichen Jesus werfen würden, sondern deutet die Gestalt Jesu im gnostischen Sinne um. Wie in gnostischen Evangelien üblich, werden ausgewählten Personen aus dem Jüngerkreis geheime Offenbarungen zuteil. Diese bestehen aus gnostischen Lehren, die Jesus in den Mund gelegt werden, um ihnen besondere Autorität zu verleihen. Judas hat, wie nicht anders zu erwarten, in dem nach ihm benannten Evangelium die Führungsrolle innerhalb des Jüngerkreises inne und wird zum Helden. Er weiß als Einziger um die Herkunft Jesu aus der ewigen göttlichen Welt und empfängt als engster Vertrauter Jesu Geheimnisse, die den anderen Jüngern verborgen bleiben. Nur ihm hat Jesus das zur Erlösung notwendige geheime Wissen offenbar gemacht.

Dabei geht es im Wesentlichen um komplexe und teilweise schwer verständliche gnostische Vorstellungen von der Erschaffung der Welt und dem Geschick des Menschen. Mit anderen gnostischen Schriften teilt das Judasevangelium die Vorstellung, dass der Schöpfergott des Alten Testaments lediglich eine untergeordnete Macht ist, die gemeinsam mit weiteren niederen Gottheiten gegen den Willen des höchsten Gottes agierte. Die Welt ist nicht die bergende Heimat des Menschen, sondern eine ihm feindliche Macht, der es zu entfliehen gilt. Die negative Sicht der Geschöpflichkeit erstreckt sich auch auf den menschlichen Körper, der den in ihm gebundenen und nach Erlösung strebenden göttlichen Funken am Himmelsaufstieg hindert. Auf diesem Hintergrund gilt der von Judas herbeigeführte Tod Jesu nicht als verwerfliche Tat, sondern als Akt der Befreiung. Jesus spricht zu Judas: „Du aber wirst sie alle übertreffen. Denn du wirst den Menschen opfern, der mich kleidet." Indem Judas den Verrat begeht, erweist er Jesus den denkbar größten Gefallen, da er dessen unsterblicher Seele die Flucht aus dem vergänglichen Leib und die Rückkehr aus der gottfeindlichen Welt in die himmlischen Sphären ermöglicht. Das vom Judasevangelium gezeichnete positive Bild des Verräters mag in der breiten Öffentlichkeit als sensationell oder sogar schockierend empfunden werden. Auf die Fachwelt wirkt es dagegen weitaus weniger befremdlich, da es in der Bibelwissenschaft unabhängig davon bereits seit Jahrzehnten zu einer Neubewertung der

Gestalt des Judas und zu einer Art Rehabilitierung des Verräters gekommen ist.

Keiner der Jünger Jesu steht bekanntlich derart im Zwielicht der Geschichte wie Judas Iskarioth. Er hat nach der Passionsüberlieferung der Evangelien dem Hohepriester den Aufenthaltsort Jesu preisgegeben, der Tempelwache im Garten Gethsemane durch den Judaskuss die Identifikation des Gesuchten ermöglicht und später Geld für seine Tat erhalten. Die Beweggründe des Verräters bleiben im Dunkel. Während Markus als ältester Evangelist keine Erklärung für die Tat des Judas liefert, rückt Matthäus das Motiv der Geldgier in den Vordergrund und bietet damit bereits ein verzerrtes Judasbild. Am ehesten dürften nämlich enttäuschte messianische Hoffnungen für das Vorgehen des Judas ausschlaggebend gewesen sein. Vermutlich betrachtete er Jesus als königlichen Messias und erwartete von ihm vergebens die Beendigung der römischen Fremdherrschaft. Mit dem Verrat mag sich die Hoffnung verbunden haben, dass Gott beim Anblick seines am Kreuze hängenden Sohnes in die Geschichte eingreifen und sein Reich verwirklichen würde, wie es Gegenstand apokalyptischer Hoffnungen war.

In den Evangelien wird die Tat des Judas als schändlicher Akt gebrandmarkt und die Person des Verräters in dunkelsten Farben gemalt. Insbesondere bei Lukas und Johannes gilt Judas als Werkzeug oder Verkörperung des Satans. Die neutestamentlichen Nachrichten über das Ende des Judas sind bei aller Uneinheitlichkeit vom Motiv der gerechten Strafe für den gottlosen Frevler durchzogen. Am Ende des Matthäusevangeliums ist davon die Rede, dass Judas sich aus Verzweiflung erhängte. Nach der Apostelgeschichte sollen bei einem Sturz seine Eingeweide zerborsten sein. Im frühen 2. Jahrhundert wird von dem Bischof Papias aus der kleinasiatischen Stadt Hierapolis eine noch unappetitlichere Geschichte erzählt, derzufolge der Körper des gottlosen Verräters vor dem Tod immens anschwoll, von Eiter und Würmern befallen war und einen unerträglichen Gestank von sich gab. Aufgrund der biblischen Berichte und ihrer Wirkungsgeschichte steht Judas bis heute allgemein für Hinterhältigkeit und gemeinsten Verrat. Zudem wurde er mit mehr als verhängnisvollen Folgen vielfach geradezu zur antisemitischen Verkörperung des „Juden" schlechthin.

In der Fachwelt erfährt die Person des Judas dagegen seit Jahrzehnten einen kontinuierlichen Imagewandel. Neben historischer Bibelkritik trug dazu die angemessene Wahrnehmung und Würdigung der Tatsache bei, dass es nach einhelliger Überzeugung der neutestamentlichen Schriften des Todes Jesu als heilsgeschichtlicher Notwendigkeit bedurfte. Der Verräter Judas ist damit fest in den Heilsplan Gottes eingebunden. Wenn Jesus für die Erlösung der Welt am Kreuz sterben sollte, dann setzte Judas mit seiner von den Motiven her letztlich im Dunkel bleibenden Handlung dieses Geschehen in Gang und beging so etwas wie heilbringenden Verrat. Auf dem Hintergrund derartiger Überlegungen fordert der Tübinger Germanist Walter Jens in seinem 1975 erschienenen Werk *Der Fall Judas* provokativ sogar eine Seligsprechung des Judas. Im apokryphen Judasevangelium besteht zwar im Gegensatz dazu das Positive der Judastat darin, dass sie im Rahmen eines problematischen gnostischen Schöpfungsverständnisses dem göttlichen Funken im Leibe Jesu die Flucht aus der Welt ermöglicht. Dennoch fügt sich das Judasevangelium auf seine Weise in die seit Langem im Gange befindliche Revision des negativen Judasbildes der christlichen Tradition ein und bereichert zudem in erheblichem Maße unser Wissen über das Denken der christlichen Gnostiker des 2. Jahrhunderts.

15. Die Pilatusakten – authentische Protokolle vom Prozess Jesu?

Gibt es römische Geheimakten zum Prozess Jesu von Nazareth, die alle Zweifel an den in den Evangelien geschilderten
Ereignissen zum Verstummen bringen? Geht aus ihnen hervor, dass Pontius Pilatus mit aller Macht die Kreuzigung Jesu
verhindern wollte und in seinem tiefsten Herzen ein Heiliger
war? Beweisen diese Dokumente gar die Auferstehung Jesu?
Dies sind die wichtigsten Fragen, die sich um den Mythos der
Pilatusakten ranken.

Eusebius von Cäsarea berichtet im 4. Jahrhundert in seiner
Kirchengeschichte davon, dass unter dem römischen Kaiser
Maximinus Daja (310–313) gefälschte Pilatusakten zur Pflicht-
lektüre an den Schulen zählten und von den Kindern auswen-
dig gelernt werden mussten. Dabei handelte es sich um propa-
gandistische Dokumente der Staatsmacht, die wohl massive
Vorwürfe gegen Jesus enthielten und der Legitimation von
Christenverfolgungen dienten. Diese fingierten Prozesspro-
tokolle sind verloren gegangen. Dagegen existieren christliche
Pilatusakten, die Jesus in ein positives Licht rücken und die
die biblischen Aussagen über Prozess, Grablegung und Auferstehung Jesu in legendenhafter Form ausschmücken. Das
Alter dieser oftmals auch als Nikodemusevangelium bezeichneten Pilatusakten ist umstritten. Es herrscht die Annahme
vor, dass sie erst im frühen 4. Jahrhundert als Reaktion auf die
von Maximinus in Auftrag gegebenen heidnischen Pilatusakten erfunden worden seien. Allerdings beruft sich bereits
um 150 der christliche Schriftsteller Justin an zwei Stellen
seiner Apologie des Christentums auf Akten des Prozesses
Jesu vor Pilatus und behauptet, dass aus ihnen die Glaubwür-

digkeit der Wunder Jesu hervorgehe. In den uns vorliegenden apokryphen Pilatusakten spielen tatsächlich die Wunder Jesu eine zentrale Rolle. Die konkreten Äußerungen Justins zum Inhalt des Werkes legen damit die Vermutung nahe, dass er die uns bekannten Pilatusakten im Kern ebenfalls bereits vorliegen hatte.

Die Pilatusakten sind ein zentrales Dokument der weitverzweigten christlichen Pilatuslegende. Sie verfolgen deutlich die Tendenz, die Person des Pontius Pilatus auf Kosten der jüdischen Führungsschicht von der Schuld am Tod Jesu zu entlasten. Bereits die biblische Tradition zeichnet ein verzerrtes Bild von Pontius Pilatus als gütigem Statthalter, der seine Hände in Unschuld wäscht und die Kreuzigung Jesu nur widerwillig vollzieht. In den neutestamentlichen Apokryphen setzt sich diese Tendenz zur Entlastung des Pilatus fort. Breit bezeugt ist ein angeblicher Brief des Pilatus an den Kaiser, in dem er allein die Juden für den Tod Jesu verantwortlich macht und den Vorschlag unterbreitet, Jesus vom römischen Senat zum Gott erklären zu lassen. Auch um das Ende des Pilatus ranken sich bunte Legenden. Bei Eusebius von Cäsarea ist von Selbstmord als gerechter göttlicher Strafe für die Kreuzigung Jesu die Rede. Ein apokryphes Werk mit dem Titel *Auslieferung des Pilatus* weiß dagegen von einer Enthauptung des Statthalters durch Kaiser Tiberius zu berichten. Der soll erbost darüber gewesen sein, dass Pilatus die Hinrichtung Jesu zuließ, obwohl er in ihm den Messias erkannt hatte. Dabei wird der römische Statthalter als unschuldiges Werkzeug der Juden und bekennender Christ porträtiert, dessen Haupt nach dem Märtyrertod sofort von einem Engel in den Himmel emporgetragen wird. Von der äthiopischen und koptischen Kirche wird Pontius Pilatus bis heute als Heiliger verehrt.

Wenn man die biblischen Berichte kritisch analysiert und auch jüdische Quellen einbezieht, stellt sich seine Person jedoch ganz anders dar. Die jüdischen Schriftsteller Philo und Josephus berichten davon, dass Pontius Pilatus zu Beginn seiner Amtszeit durch provokative Demonstrationen kaiserlicher Macht schwere Konflikte mit dem jüdischen Volk heraufbeschwor. Dabei wurde einmal ein Blutbad nur im letzten Augenblick verhindert. Bald darauf veranlasste Pilatus in Jerusalem den Bau eines Aquädukts, um die Wasserzufuhr für die Stadt zu sichern. Das Geld für diese an sich sinnvolle Baumaßnahme entnahm er aus der Tempelkasse, was als Sakrileg empfunden werden musste. Als es zum erwarteten Protest kam, wurden dessen Anführer auf Befehl des Statthalters von Soldaten, die sich in Zivilkleidung unter die Menge gemischt hatten, mit Knüppeln erschlagen. Mitte der Dreißigerjahre ließ Pontius Pilatus am heiligen Berg Garizim eine Gruppe aufständischer Samaritaner niedermetzeln und besiegelte damit das Ende seiner politischen Laufbahn: Eine Delegation des samaritanischen Hohen Rates verklagte Pontius Pilatus wegen seines Vorgehens beim syrischen Legaten Vitellius und erreichte seine Ablösung. 1961 wurde übrigens bei Ausgrabungen in Cäsarea der sogenannte Pilatusstein entdeckt. Es handelt sich bei diesem epigrafischen Zeugnis um eine von Pontius Pilatus in Stein gemeißelte Bauinschrift, auf der er als Präfekt der Provinz Judäa erwähnt wird.

In seiner Amtsführung unterschied sich Pontius Pilatus zwar nicht gravierend von anderen römischen Statthaltern. In entscheidenden Momenten ließ er es allerdings an Fingerspitzengefühl fehlen, verletzte durch unbedachte Aktionen die religiösen Empfindungen des Judentums tiefer als seine Vorgänger und scheint bei Widerstand gegen die römische Ordnung zu unverhältnismäßiger Gewaltanwendung geneigt zu haben. Auch an der Kreuzigung Jesu trägt er juristisch eindeutig die Schuld. Allein Pontius Pilatus kann das Todesurteil über Jesus verhängt haben, da nur er über die Schwertgewalt in der

Provinz Judäa verfügte. Zudem erlitt Jesus mit der Kreuzigung die römische Todesstrafe, wie sie gegen Aufrührer und andere Schwerverbrecher verhängt wurde. Jesus hatte mit seiner Tempelkritik den Unmut der priesterlichen Aristokratie erregt, die ihn beseitigt wissen wollte. Nach der wahrscheinlichsten Version der Ereignisse wurde er dann nach seiner Verhaftung durch die Tempelwache einem Verhör durch den Hohen Rat unterzogen und schließlich an den Statthalter überstellt, der das Todesurteil fällte und vollstreckte.

In den Pilatusakten, bei denen es sich über weite Strecken um fiktive Protokolle vom Prozess Jesu handelt, versucht der Statthalter dagegen mit allen Mitteln, den Vollzug der Kreuzigung zu verhindern. Der uns heute vorliegenden Fassung ist zur Stärkung ihrer Glaubwürdigkeit nachträglich eine Fundlegende vorangestellt. Der zum Christentum übergetretene Offizier Ananias will um 425 das hebräische Original der Pilatusakten entdeckt und ins Griechische übersetzt haben. Zu Beginn des Werkes erklärt sich Pilatus überhaupt nur auf jüdisches Drängen hin bereit, Jesus zum Prozess vorzuladen. Vor Gericht treten zunächst zwölf Männer als Entlastungszeugen auf und beteuern, dass Jesus nicht das Kind einer ehebrecherischen Beziehung Marias ist. Danach sagen neben dem Pharisäer Nikodemus auch zahlreiche der von Jesus geheilten Personen aus, um die Tatsächlichkeit seiner Wunder zu erweisen. Pilatus vermag immer wieder nur die Unschuld Jesu festzustellen. Schließlich verweisen die jüdischen Ankläger auf königlich-messianische Ansprüche Jesu und drohen Pilatus mit dem Kaiser. Daraufhin gibt der völlig verängstigte Statthalter dem Drängen der jüdischen Volksmenge nach, wäscht seine Hände in Unschuld und lässt Jesus ans Kreuz nageln. Auf die Nachricht vom Tode Jesu reagieren Pilatus und seine Frau mit einem eintägigen Trauerfasten. Im Schlussteil der Pilatusakten versichert zunächst die römische Grabwache

Tintoretto (1518–1594), Handwaschung des Pilatus
Venedig, Scuola Grande di San Rocco

unter Eid, dass Jesus tatsächlich auferstanden ist. Danach treten ein Priester und ein Levit als Zeugen für die Himmelfahrt auf.

Angesichts dieser knappen Inhaltsangabe dürfte klar geworden sein, dass den Pilatusakten keinerlei Bedeutung für die historische und juristische Rekonstruktion des Prozesses Jesu zukommt. Es handelt sich nicht um offizielle Dokumente der heidnischen Behörden, sondern um christliche Legendenbildung mit erbaulichen Motiven und apologetischer Zielsetzung. Auf den Glauben der breiten Massen hat das Werk, das sich über die Jahrhunderte hinweg großer Popularität erfreute, jedoch tief eingewirkt. Viele der in den Evangelien anonym bleibenden Gestalten im Umfeld Jesu erhalten hier jene Namen, die fortan in der christlichen Tradition fest mit ihnen verbunden sind. Die blutflüssige Frau aus dem 5. Kapitel des Markusevangeliums begegnet als Berenike oder Veronika. Die beiden mit Jesus gekreuzigten Verbrecher heißen Gestas und Dysmas, wobei Letzterem von Jesus das Paradies versprochen wird. Jener unbekannte Soldat, der Jesus am Kreuz in die Seite gestochen haben soll, trägt in einem Teil der Überlieferung den Namen Longinus und bekehrt sich zum Christentum. Mit diesen populären Legenden haben die Pilatusakten die Volksfrömmigkeit immens befruchtet. Einen starken Einfluss übten sie insbesondere auf die mittelalterliche Kunst aus. Höchst problematisch ist an ihnen aber jedenfalls, dass sie mit aller Macht den Juden die Schuld am Tod Jesu zuweisen wollen und damit eine verhängnisvolle antisemitische Wirkungsgeschichte entfaltet haben.

16. Das Barnabasevangelium: Ging der Falsche ans Kreuz?

Hat Jesus seinen Anhängern gegenüber größten Wert auf die Feststellung gelegt, ein gewöhnlicher Mensch und keinesfalls der Messias zu sein? Kündigte er den Propheten Mohammed als den kommenden Retter der Welt an? Ging in Wirklichkeit Judas ans Kreuz, während Jesus nach dem letzten Abendmahl unmittelbar in den Himmel entrückt wurde? Diese Fragen werden vom Barnabasevangelium positiv beantwortet, und dessen Aussagen werden in muslimischen Kreisen vielfach für bare Münze genommen.

Das Barnabasevangelium wird Joseph Barnabas zugeschrieben. Bei ihm handelte es sich um einen Leviten aus Zypern, der den christlichen Glauben annahm. Wie Petrus, Jakobus oder Paulus zählte er zu den großen Gründergestalten der Kirche. In Jerusalem tat Barnabas sich dadurch hervor, dass er den Erlös aus einem Ackerverkauf der Gemeindekasse stiftete. Später siedelte er in das syrische Antiochia über. Dort hatte er maßgeblichen Anteil daran, dass das Christentum sich von einer innerjüdischen Erneuerungsbewegung zu einer eigenständigen Religion entwickelte, welche die Grenzen des Judentums bewusst überschritt. Als angesehenes Mitglied der Jerusalemer Urgemeinde und Leitfigur der Christengemeinde von Antiochia hat Barnabas das Geschick der christlichen Kirche in ihrer Frühzeit entscheidend mitbestimmt. Er begegnet in entscheidenden Augenblicken der Geschichte des Urchristentums in führender Funktion und hat als Lehrer des Paulus einen nicht zu unterschätzenden Einfluss auf den Werdegang des Völkerapostels ausgeübt.

Trotz seiner großen Bedeutung sind vom geschichtlichen Barnabas keine literarischen Werke überliefert. Allerdings kursierte in der alten Kirche neben einem Brief auch ein Evangelium unter seinem Namen. Die unbekannten Verfasser dieser Schriften machten sich das hohe Ansehen des Barnabas zunutze, um ihren Werken besondere Autorität zu verleihen. Anders als bei dem vollständig erhaltenen Barnabasbrief tappen wir über den Inhalt des angeblich von Barnabas verfassten Evangeliums allerdings im Dunkeln. Es ist nur dem Namen nach aus zwei altkirchlichen Kanonverzeichnissen bekannt, wo es unter den apokryphen Schriften begegnet. Seit dem frühen 18. Jahrhundert zieht allerdings ein in spanischer und italienischer Sprache vorliegendes Barnabasevangelium, das christliche und muslimische Elemente in sich vereinigt, die Aufmerksamkeit auf sich. Es handelt sich um eine im Stil der christlichen Evangelien gehaltene Darstellung des Lebens Jesu, die allerdings islamisch geprägt ist und in weitgehender Übereinstimmung mit dem Koran steht. Mit dem altkirchlichen Barnabasevangelium hat diese Schrift nichts zu tun, sondern vereinnahmt lediglich dessen Namen, um sich den Anschein eines hohen Alters zu geben.

Der Prolog der spanischen Fassung bietet eine aufregende Entdeckungsgeschichte. Ein Mönch namens Fra Marino will das Barnabasevangelium Ende des 16. Jahrhunderts in Rom aus der Bibliothek von Papst Sixtus V. entwendet haben, als dieser ein Schläfchen hielt. Unmittelbar nach der Lektüre habe er sich zum Islam bekehrt und sei nach Istanbul geflohen. Diese erfundene Geschichte zeigt bereits, dass das Barnabasevangelium ein muslimisch geprägtes Jesusbild vermittelt. Im Koran findet Jesus (Isa) an zahlreichen Stellen Erwähnung und gehört zu den großen Gesandten Gottes. Als Sohn Marias wird Jesus durch einen göttlichen Schöpfungsakt empfangen. Der Koran unterstreicht das Dogma der Jungfrauengeburt und verteidigt Maria ausdrücklich gegen den Vorwurf, sie habe ein uneheliches Kind zur Welt gebracht. Der Prophet

Jesus zählt neben Gestalten wie Noah, Abraham, Mose und Mohammed zu den großen Persönlichkeiten, die von Gott auserwählt wurden. In einzelnen Schichten des Korans gilt Jesus auch als Messias, als Gesalbter Gottes, ohne dass dieser Titel eine göttliche Würde im christlichen Sinne implizierte. Vielmehr wird vom Koran eine Gottessohnschaft Jesu strikt verneint. Als Prophet und Gesandter Gottes bleibt er ein gewöhnlicher Mensch. Die Botschaft von Kreuz und Auferstehung Jesu wird entschieden abgelehnt. Paulus gilt im Islam als Verfälscher der Lehren Jesu.

Auf diesem Hintergrund bietet der Koran eine vom biblischen Befund deutlich abweichende Version hinsichtlich des Todes Jesu. Ihm gilt es als unvorstellbar, dass Gott seinen Gesandten den Händen der Frevler überließ. Von Pontius Pilatus und den Römern als den eigentlich für den Kreuzestod Verantwortlichen ist keine Rede. Den Juden als den frevlerischen Feinden Jesu gelingt es nach der Darstellung des Korans nicht, ihn zu kreuzigen. Vielmehr sei ihnen eine ähnliche Gestalt erschienen. Diese Aussage ist wohl so gemeint, dass anstelle Jesu eine andere, ihm zum Verwechseln ähnlich sehende Person am Kreuz starb. In vergleichbarer Weise hatte bereits im 2. Jahrhundert der Gnostiker Basilides die Behauptung aufgestellt, dass in Wirklichkeit nicht Jesus, sondern Simon von Kyrene ans Kreuz gegangen sei. Weniger plausibel sind Auslegungstraditionen dieser Koranstelle, denen zufolge die Juden sich lediglich einbildeten, Jesus gekreuzigt zu haben. In jedem Fall hat nach der Aussage des Korans Gott in seiner Weisheit und Allmacht seinen Gesandten Jesus errettet, indem er ihn unmittelbar zu sich nahm. Nach der islamischen Tradition wird der in den Himmel erhobene Jesus am Ende der Tage wiederkommen, das Leben eines rechtgläubigen Muslims führen und auch heiraten und Kinder zeugen, um schließlich zu sterben und neben Mohammed in Medina beigesetzt zu werden. Diese auf die Wiederkunft Jesu bezogenen Aussagen finden sich allerdings noch nicht im Koran selber, sondern erst in späteren Zeugnissen muslimischer Frömmigkeit.

Im Barnabasevangelium spiegelt sich klar das muslimische Jesusbild wider. In Ausgestaltung der neutestamentlichen Evangelientradition wird das Leben Jesu von der Geburtsankündigung bis zur Himmelfahrt geschildert. In der Überschrift bezeichnet sich das mit 222 Kapiteln recht umfangreiche Werk als wahres Evangelium des Propheten Jesus, wie es von Barnabas aufgezeichnet wurde. Dieser zählt zu den zwölf Aposteln und erhält von Jesus vor der Himmelfahrt persönlich den Auftrag zur Abfassung des Evangeliums. Über weite Strecken hat das Barnabasevangelium den Charakter einer Evangelienharmonie, indem es eine ausführliche und mit Erweiterungen versehene Wiedergabe unterschiedlichster Erzählungen aus allen vier Evangelien bietet. Inhaltlich sind vor allem drei Punkte bedeutsam, die aus dem Rahmen fallen und dem muslimischen Jesusbild Rechnung tragen: Jesus gilt als gewöhnlicher Mensch, verheißt das Kommen Mohammeds und erleidet nicht den Kreuzestod. Wie für eine muslimische Schrift nicht anders zu erwarten, wird im Barnabasevangelium die rein menschliche Natur Jesu betont in den Vordergrund gerückt und eine Gottessohnschaft entschieden in Abrede gestellt. In gewisser Spannung zum Koran steht, dass zudem eine Bezeichnung Jesu als Messias zurückgewiesen wird. Mohammed dagegen wird von Jesus nicht nur als nach ihm kommender Prophet und Retter der Welt angekündigt, sondern auch als der Messias betrachtet, was im Koran nicht der Fall ist. Dabei ordnet sich Jesus als Vorläufer konsequent dem Propheten Mohammed unter und spricht davon, dass er nicht einmal würdig sei, diesem die Schuhriemen zu lösen. Eigenständige Akzente setzt das Barnabasevangelium zudem in der Schilderung der Kreuzigung, wo die vagen Angaben des

Mohammed
vs.
Jesus

Korans konkretisiert und ausgestaltet werden. Während Jesus nach dem letzten Abendmahl direkt in den Himmel entrückt wird, erleidet der Verräter Judas an seiner Stelle den Kreuzestod. Daneben finden sich Seitenhiebe gegen den Apostel Paulus, dessen Lehren im Widerspruch zum Willen Gottes stünden. Dabei steht die Tatsache im Mittelpunkt der Kritik, dass Paulus es ablehnte, Heidenchristen zur Beschneidung und zur Einhaltung der alttestamentlichen Speisetabus zu verpflichten.

Bei dem ursprünglich wohl auf Spanisch verfassten und später auch ins Italienische übersetzten Barnabasevangelium handelt es sich eindeutig um eine späte Fälschung, die im 16. oder frühen 17. Jahrhundert entstanden ist. Über die näheren Umstände seiner Entstehung wird viel gerätselt. Im Hinblick auf den Prolog der spanischen Version vermutete man in dem unbekannten Verfasser der Schrift einen Christen, der sich später dem Islam zugewandt habe und mit seinem Werk Rache am Christentum habe üben wollen. In der neueren Forschung setzt sich dagegen zunehmend die Auffassung durch, dass das Barnabasevangelium wohl in Kreisen spanischer Muslime entstanden ist, die zur Annahme des christlichen Glaubens und zum Empfang der Taufe gezwungen wurden. Auf der Iberischen Halbinsel waren in der Zeit zwischen der Eroberung Granadas durch die „katholischen Könige" im Jahr 1492, mit der das letzte islamische Staatswesen auf spanischem Boden erlosch, und der Vertreibung der islamischen Bevölkerung durch das Edikt von 1609 die Voraussetzungen für die Entstehung einer Evangelienschrift gegeben, die das Jesusbild des Korans weiterentwickelt und gleichzeitig eine gute Kenntnis der christlichen Tradition erkennen lässt.

Nicht zuletzt weil Mohammed von Jesus als nach ihm kommender Prophet und Retter der Welt angekündigt wird, genießt das Barnabasevangelium in muslimischen Kreisen ausgesprochen hohes Ansehen. Dabei dient es häufig als Instrument in der Auseinandersetzung mit dem Christentum. Es wird die Behauptung aufgestellt, das Barnabasevangelium mit seiner Darstellung, die mit muslimischen Glaubensaussagen im Einklang steht, sei das älteste und einzig authentische Evangelium, während die christlichen Evangelien ein von der kirchlichen Tradition verfälschtes Bild Jesu und seiner Lehren vermittelten. Im Vorwort zur Zweitauflage der deutschen Ausgabe werden die vollauf berechtigten wissenschaftlichen Zweifel an der Echtheit des Barnabasevangeliums als eine von Scharfmachern inszenierte Hetzkampagne diffamiert, die lediglich auf eine Herabsetzung des Werkes abziele und sich der Furcht vor der Wahrheit verdanke. In Wirklichkeit trägt das Barnabasevangelium jedoch nicht das Geringste zur Erhellung des Lebens und Lehrens des geschichtlichen Jesus bei, sondern ist das Produkt spätmittelalterlicher Kontroversen zwischen Islam und Christentum.

17. Die umstrittene Kreuzestafel aus Rom

Die Basilika Santa Croce in Gerusalemme (Basilika vom Heiligen Kreuz in Jerusalem) ist eine der sieben Pilgerkirchen Roms. Sie ging aus dem Palast der Kaiserinmutter Helena hervor, der nach ihrem Tod von ihrem Sohn Konstantin dem Großen der Kirche gestiftet und in einen Sakralbau umgewidmet wurde. Neben anderen Passionsreliquien, darunter ein Kreuzesnagel, Splitter des Holzbalkens von Golgotha, zwei Dornen aus der Krone Jesu und ein Fingerknochen des kleingläubigen Thomas, findet sich dort das Fragment einer Holztafel. Darin eingeritzt sind in hebräischer, griechischer und lateinischer Sprache die ersten Worte der Kreuzesinschrift „Jesus der Nazarener, König der Juden", die unter der Abkürzung INRI in die christliche Ikonografie einging. Besitzen wir damit ein authentisches Bruchstück der Kreuzestafel? Dann wäre die Kreuzigung Jesu nicht nur in literarischen Quellen bezeugt, sondern auch durch ein materielles Relikt verbürgt.

Jesus von Nazareth erlitt unter Pontius Pilatus den Kreuzestod. Neben den biblischen Schriften bezeugt dies auch der römische Geschichtsschreiber Tacitus in seinen *Annalen*. In den Evangelien ist zudem von einer Schuldtafel am Kreuz die Rede, die Jesus von Nazareth als König der Juden bezeichnete. Dem Johannesevangelium zufolge soll diese Kreuzesinschrift in drei Sprachen abgefasst worden sein. Die Praxis, am Kreuz eine Schuldtafel anzubringen, ist ausschließlich im Zusammenhang mit dem Tod Jesu belegt. Manche Bibelwissenschaftler bezweifeln daher die diesbezüglichen Angaben der Evangelienüberlieferung und halten die Kreuzesinschrift für ein Produkt erzählerischer Fantasie. Allerdings gibt es in der antiken Literatur zumindest Belege dafür, dass Delinquenten auf dem Weg zur Hinrichtung zuweilen eine Holztafel vorangetragen oder umgehängt wurde, die ihr Vergehen benannte.

Das Kreuz war in den ersten Jahrhunderten der Kirchengeschichte als christliches Symbol und kultisch verehrter Gegenstand eher von untergeordneter Bedeutung. Dies änderte sich grundlegend mit Konstantin dem Großen und der legendären Vision eines Lichtkreuzes, die ihm 312 unmittelbar vor der Entscheidungsschlacht an der Milvischen Brücke zuteilgeworden sein soll. Dadurch, dass das Kreuz nun zu einem siegbringenden Feldzeichen in Konstantins Heer geworden war, wuchs auch das Interesse am historischen Kreuz Jesu Christi. Hinzu kommt, dass Konstantin im Jahr 324 nach dem Sieg über Licinius seine Herrschaft auf den Osten des Reiches ausdehnen konnte. Damit unterstand ihm nun auch das Heilige Land. Infolge dieser politischen Veränderungen und der zunehmenden staatlichen Privilegierung des Christentums wuchs das Interesse an den heiligen Stätten des Auftretens Jesu in Palästina, und dabei nahm auch der Reliquienkult einen Aufschwung. In diesem Zusammenhang soll es 325 in Jerusalem auf Betreiben der Kaiserinmutter Helena zur Entdeckung des Kreuzes und der Kreuzestafel gekommen sein. Literarische Belege dafür gibt es allerdings erst im ausgehenden 4. Jahrhundert.

Von einer kultischen Verehrung des Holzes, an dem Jesus den Tod fand, ist erstmals bei dem Bischof Kyrill von Jerusalem die Rede. An mehreren Stellen seiner um 350 entstandenen Katechesen berichtet er davon, dass die Kreuzespartikel sich bei den Jerusalempilgern höchster Wertschätzung erfreuten und Bruchstücke aus dem Kreuz bald über die gesamte christliche Welt verbreitet waren. Zudem existiert ein Brief Kyrills vom 7. Mai 351 an Kaiser Konstantius II., in dem die Auffindung des Kreuzes in den Tagen Konstantins des Großen angesprochen wird. Die Pilgerin Egeria, die etwa dreißig Jahre später Jerusalem besuchte, beschreibt dann in ihrem Reisebericht anschaulich die Rolle des Kreuzes im Rahmen der alljährlichen Passionsliturgie auf Golgotha. Die normalerweise in einem Silberkästchen in der Grabeskirche verwahrten Reliquien, nämlich Kreuzesholz und Kreuzestafel, wurden am Karfreitag auf einem mit Leinen gedeckten Tisch zur Schau gestellt und von den vorbeiziehenden Teilnehmern der Prozession zunächst mit der Stirn berührt und dann geküsst. Diakone wachten aufmerksam darüber, dass niemand einen Splitter aus dem Kreuz herausbrach.

In der Kirchengeschichtsforschung ist die Frage umstritten, ob es tatsächlich unter Konstantins Mutter Helena zu einer Entdeckung des Kreuzes Jesu kam, wie die altkirchliche Helenalegende es behauptet. Die ältesten Zeugnisse dafür sind der um 390 verfasste Bericht des Bischofs Gelasius von Cäsarea und die 395 gehaltene Grabrede des Bischofs Ambrosius von Mailand auf Kaiser Theodosius. Beiden Quellen zufolge begab sich Helena aufgrund einer göttlichen Eingebung nach Golgotha, das unter Kaiser Hadrian mit einem Aphroditeheiligtum überbaut worden war. Sie entdeckte dort inmitten der Kreuze der beiden mit Jesus zu Tode gekommenen Verbrecher das wahre Kreuz und sandte ein Teilstück davon sowie die gleichzeitig aufgefundenen Kreuzesnägel an den Hof ihres Sohnes Konstantin. Ambrosius berichtet, dass Helena das richtige unter den drei aufgefundenen Kreuzen anhand der Kreuzestafel mit der Jesus-Inschrift erkannt habe. Nach Darstellung des Gelasius wurde dagegen der Titulus separat aufgefunden und ließ sich keinem der drei Kreuze eindeutig zuordnen. Daraufhin habe der Jerusalemer Bischof Makarius die Idee gehabt, alle drei Kreuze einer todkranken Frau aus vornehmem Hause vor Augen halten zu lassen. Indem das dritte Kreuz auf wunderbare Weise Heilung gebracht habe,

habe es sich als das Kreuz Christi erwiesen. Im 5. Jahrhundert wurde die sich großer Beliebtheit erfreuende Helenalegende in unterschiedlicher Form ausgeschmückt. Bald diente in einzelnen Ausformungen der Legende nicht mehr nur eine Krankenheilung, sondern auch eine Totenerweckung der Identifikation des wahren Kreuzes. Ein anderer Strang der Überlieferung berichtet davon, dass das an Konstantin übersandte Kreuzesfragment später in eine Bronzestatue gegossen wurde, welche die Stadt Konstantinopel schützen sollte.

Am geschichtlichen Wert der Helenalegende scheiden sich in der Fachwelt die Geister. Mehrheitlich wird davon ausgegangen, dass sie im Jerusalemer Pilgerbetrieb ihre Wurzeln hat und dort in der zweiten Hälfte des 4. Jahrhunderts als Antwort auf die Frage entstand, woher genau das den Pilgern gezeigte Kreuz stamme. Um die Anwesenheit des Kreuzes befriedigend zu erklären und seine Echtheit zu erweisen, sei die angebliche Geschichte der Entdeckung dokumentiert und legendenhaft ausgestaltet worden. Rätselhaft ist bereits die Frage, wie das Kreuz Jesu samt den Kreuzen der beiden mit ihm hingerichteten Personen in den Boden von Golgotha gelangt sein sollte. Uns ist nichts darüber bekannt, dass Kreuze von den Römern am Ort der Hinrichtung vergraben worden wären. Der Holzmangel in Palästina spricht ohnehin dafür, dass sie bei weiteren Exekutionen Verwendung fanden. Das gewichtigste Argument gegen eine Kreuzauffindung in den Tagen Konstantins des Großen aber ist das Schweigen zweier Zeitzeugen. Wenn der Pilger aus Bordeaux, der um 333 Jerusalem besuchte, im Gegensatz zum späteren Reisebericht der Egeria nichts über die Kreuzesreliquien verlauten lässt, wiegt dies angesichts der Kürze dessen, was er überhaupt mitteilt, noch nicht allzu schwer. Anders sieht dies bei Eusebius von Cäsarea aus. Er stellt in seiner Biografie Konstantins die Verdienste des Kaisers und seiner Mutter um das Christentum heraus und berichtet im Rahmen von Helenas Jerusalemreise ausführlich über die Entdeckung des Grabes Jesu, die damit verbundenen Kirchenbauten und deren Einweihung, weiß aber nichts über eine Auffindung des Kreuzes zu sagen.

Dieser Quellenbefund legt den Schluss nahe, dass es sich bei der Geschichte von der Kreuzauffindung um eine Legende handelt, die erst nach dem Tod des Eusebius in Verbindung mit einer in Jerusalem verehrten Kreuzesreliquie aufgekommen ist. Allerdings mehren sich die Stimmen, die hinter dem Schweigen des Eusebius über die Auffindung des Kreuzes nicht Unkenntnis, sondern theologische oder kirchenpolitische Gründe vermuten. Gleichzeitig messen viele dem Brief Kyrills an Konstantius II. hohe Bedeutung bei. Ist es wirklich vorstellbar, dass der Jerusalemer Bischof gegenüber dem Kaiser die Entdeckung des Kreuzes unter der Herrschaft von dessen Vater Konstantin ansprach, ohne im weiteren Sinne geschichtliche Anhaltspunkte dafür zu besitzen? Damit bleibt die Möglichkeit offen, dass in der Helenalegende zumindest ein Fünkchen Wahrheit steckt und es im Zuge der Jerusalemer Ausgrabungen zur Auffindung eines Doppelbalkens kam, den man für das Kreuz Jesu hielt oder als solches ausgab. Damit ist allerdings noch nicht erwiesen, dass es sich auch tatsächlich um das Kreuz handelte, an dem Jesus den Tod fand. Zur Beglaubigung des Fundstückes dürfte man es mit einem passenden Titulus versehen haben.

Der weitere Weg der von Helena angeblich gefundenen Kreuzesreliquien lässt sich nur mit Mühe verfolgen. Wie der schon angesprochene Reisebericht der Egeria anschaulich zeigt, befanden sich die aus einem Teil des Kreuzes und der Kreuzestafel bestehenden Jerusalemer Reliquien in der Obhut des dortigen Bischofs und spielten im Rahmen der Karfreitagsliturgie eine zentrale Rolle. Darüber hinaus wurden sie bald alljährlich am Fest der Kreuzerhöhung (14. September) zur Schau gestellt. Mit der Eroberung Jerusalems durch die Perser im Jahr 614 gelangte das heilige Kreuz vorübergehend an den persischen Königshof, bevor es 628 von Kaiser Heraklius nach seinem Sieg über die Perser im Triumphzug nach Jerusalem zurückgebracht wurde. In der Kreuzfahrerzeit wurde es üblich, das Kreuz zur Ermutigung der eigenen Truppen und zur Verängstigung der Gegner mit in den Kampf ziehen zu lassen. Die Spur der Jerusalemer Kreuzesreliquie verliert sich, nachdem sie 1187 in Galiläa in der Schlacht bei Hattin in die Hände des Sultans Saladin gefallen war, der den Sieg über das fränkische Kreuzfahrerheer davongetragen hatte. Die Kreuzestafel galt bereits im 7. Jahrhundert als verschollen.

Damit sind wir bei der Frage angelangt, ob sich ein authentisches Fragment der Kreuzestafel nach Rom in die aus Helenas Palast hervorgegangene Basilika Santa Croce in Gerusalemme retten konnte. In der Helenakapelle dieser Basilika fand man 1492 bei Bauarbeiten das Fragment einer Holztafel, das hinter einem Ziegelstein mit der Aufschrift „Titulus crucis" (Kreuzesaufschrift) eingemauert war. Diese Reliquie wurde 1496 von Papst Alexander VI. für echt erklärt. Es handelt sich um ein etwa 25 x 14 cm großes Bruchstück aus Walnussholz, das in hebräischer, griechischer und lateinischer Sprache Teile der Inschrift „Jesus der Nazarener, König der Juden" bietet. Dass der Titulus am Kreuz dreisprachig abgefasst war, überliefert im Neuen Testament (wie erwähnt) nur das Johannesevangelium. Anders als im Text von Johannes 19,20, wie ihn unsere heutigen Bibeln bieten, geht auf der römischen Kreuzestafel die griechische Inschrift der lateinischen voran. Eine weitere Auffälligkeit besteht darin, dass der auf dem Holzbrett befindliche Text nicht nur im Hebräischen, sondern fälschlicherweise auch im Griechischen und Lateinischen von rechts nach links geschrieben ist. Das Alter der Kreuzestafel lässt sich nicht bestimmen. Für einen Radiocarbontest steht sie nicht zur Verfügung. Auch anderen wissenschaftlichen Verfahren zur Altersbestimmung wurde sie bislang nicht unterzogen.

Das Fragment der Kreuzinschrift.
Rom, Basilika Santa Croce in Gerusalemme

Mit *Die Jesus-Tafel* von Michael Hesemann und *Das Jesusfragment* von dem Autorengespann Carsten Peter Thiede und Matthew d'Ancona erschienen um die Jahrtausendwende fast zeitgleich zwei Publikationen, die sich eindringlich um einen Echtheitsnachweis für die Kreuzestafel aus der Basilika Santa Croce in Gerusalemme bemühen. Zunächst wird der Versuch unternommen, die Geschichtlichkeit der Helenalegende zu untermauern. Die von ihr behauptete Verwahrung des Kreuzes Jesu im Boden Golgothas findet fantasievolle Erklärungen. Michael Hesemann zufolge wurden die drei Kreuze von Golgotha auf Initiative des Josef von Arimathäa als Gegenstände, die mit Toten in Berührung gekommen waren und daher als unrein galten, in der nahe gelegenen Zisterne unter der heutigen Grabeskirche verborgen. Als Folge der mit dem Jüdischen Krieg verbundenen Turbulenzen seien sie in Vergessenheit geraten, um dann im 4. Jahrhundert durch Helena wiederentdeckt zu werden. Nach der Theorie von Thiede und d'Ancona blieben hingegen die senkrechten Pfähle der drei Kreuze auf Golgotha stehen und fanden bei weiteren Kreuzigungen Verwendung, während Querbalken und Titulus des Kreuzes Christi von der Familie Jesu verwahrt wurden. Wenige Jahre später seien die Kreuzigungen auf Golgotha eingestellt und die drei Kreuzespfähle in den dortigen Steinbruch geworfen worden. Nach dem Jüdischen Krieg habe die Jerusalemer Urgemeinde dort eine Gedenkstätte eingerichtet und den Titulus wieder am Kreuz Christi befestigt, bevor Golgotha samt den Reliquien dann im 2. Jahrhundert unter Kaiser Hadrian mit einem Aphroditeheiligtum überbaut und schließlich von Helena wieder freigelegt worden sei.

Nachdem mit diesen wenig wahrscheinlichen Szenarien die Wahrheit der Helenalegende scheinbar untermauert wurde, geht es um den Erweis der Echtheit der römischen Kreuzestafel. In beiden Werken wird dabei massiv der Eindruck erweckt, als ob die alten Berichte von der Kreuzauffindung bezeugten, dass Helena den Titulus teilte und die eine Hälfte mit in ihre Residenz nach Rom nahm, die später zur Basilika Santa Croce wurde. Wenn dem so wäre, dann führte in der Tat eine direkte Verbindungslinie von den in Jerusalem angeblich aufgefundenen Kreuzesreliquien zu der Kreuzestafel in Rom. In Wirklichkeit sprechen allerdings die einschlägigen Quellen ausschließlich davon, dass Helena einen Teil des Kreuzes und die Nägel an Konstantin oder den Kaiserpalast sandte. Damit ist klar Konstantins Residenz im kleinasiatischen Nikomedia gemeint, von der aus er seit der Eroberung des Ostens das Reich regierte, bis 330 die neue Hauptstadt Konstantinopel feierlich eingeweiht werden konnte. Über eine Aufteilung des

Nachzeichnung der Kreuzestafel von Ch. Rohault de Fleury (1870), allerdings mit kleineren Ungenauigkeiten

Titulus äußern sich die Quellen nicht. Vermutlich verblieb er vollständig in Jerusalem. Davon, dass die Kaiserinmutter Teilstücke des Kreuzes oder gar ein Fragment des Titulus nach Rom überführte, ist in den Berichten überhaupt keine Rede. Die Vorgeschichte der Kreuzestafel in der Basilika Santa Croce bleibt damit ungeklärt. Vermutlich gelangte sie irgendwann im frühen Mittelalter nach Rom, ohne dass sich eine Herkunft aus Jerusalem und eine Verbindung zur angeblichen Kreuzauffindung im 4. Jahrhundert erweisen ließe.

Zudem können die erwähnten Besonderheiten der römischen Kreuzestafel, nämlich die durchweg von rechts nach links erfolgende Schreibweise und die von Johannes 19,20 abweichende Reihenfolge der Sprachen, kaum als Indiz dafür beansprucht werden, dass es sich tatsächlich um ein Bruchstück der vom Kreuz Jesu stammenden Holztafel handelt. Ein Fälscher, so lautet die Argumentation für den Echtheitsnachweis, hätte sich streng an Johannes 19,20 gehalten, und zudem deute die konsequente Schreibweise von rechts nach links auf einen Bewohner Palästinas als Urheber der Inschrift hin. Eine näherliegende Erklärung für die abweichende Reihenfolge der Sprachen liefert der Sachverhalt, dass der exakte Wortlaut von Johannes 19,20 in den Bibelhandschriften unterschiedlich überliefert wird. Die überwältigende Mehrheit der mittelalterlichen griechischen Handschriften bietet für diesen Bibelvers in Übereinstimmung mit der römischen Kreuzestafel die Lesart „geschrieben in hebräischer, griechischer und lateinischer Sprache". Diese Lesart wurde erst von der modernen Bibelwissenschaft aufgrund älterer Handschriftenfunde als schlechtere Textüberlieferung erkannt und findet sich in heutigen Bibelausgaben durch die veränderte Reihenfolge „geschrieben in hebräischer, lateinischer und griechischer Sprache" ersetzt. Wahrscheinlich orientierte sich der Urheber der römischen Kreuzestafel an der im Mittelalter dominanten Form des Bibeltextes und bot deshalb die uns heute irritierende Voranstellung der griechischen vor der lateinischen Kreuzesinschrift.

Ebenso wenig stellt die Tatsache, dass durchgängig von rechts nach links geschrieben wird, ein Indiz für die Echtheit der Tafel dar. Dieses Kuriosum soll wohl nur den Eindruck verstärken, dass der Titulus von einem des Griechischen wie Lateinischen nicht kundigen Bewohner Jerusalems erstellt wurde. Auch der Versuch von Hesemann, mithilfe der vergleichenden Paläografie eine Entstehung des Titulus aus der Basilika Santa Croce in Gerusalemme im 1. Jahrhundert plausibel zu machen, steht auf mehr als wackeligen Beinen. Aufs Ganze gesehen ist es also ziemlich klar, dass es sich bei der Kreuzestafel aus der römischen Basilika Santa Croce um eine fromme Fälschung handelt, die nichts zur Stützung der Helenalegende und des johanneischen Passionsberichtes beizutragen vermag. Somit bleibt es dabei, dass die Kreuzigung Jesu durch Pontius Pilatus zwar eine literarisch bestens bezeugte Tatsache darstellt, wir aber keinen materiellen Beweis dafür haben.

18. Jesus mit Eselskopf – das Spottkruzifix vom Palatin

Im Jahr 1856 legten Archäologen an der Südwestseite des Palatinhügels in Rom oberhalb des Circus Maximus die Überreste des sogenannten Pädagogiums frei. An dieser Ausbildungsstätte wurden Pagen auf ihre künftige Tätigkeit am römischen Kaiserhof vorbereitet. An der Wand eines Raumes entdeckte man ein Graffito aus dem 3. Jahrhundert, auf dem Jesus in eselsköpfiger Gestalt am Kreuz hängt. Er ist mit einer ärmellosen Tunika bekleidet. Der Querstrich unter dem Balken soll wohl eine Fußstütze andeuten. Die Kreuzigung ist in Rückansicht dargestellt. Links neben dem Kreuz steht ein junger Mann, der die gleiche Kleidung wie der Gekreuzigte trägt und eine Hand zum Gebet erhoben hat. In griechischer Schrift finden sich unter dem Bild die Worte „Alexamenos betet zu (seinem) Gott". Ob das rechts oberhalb der Zeichnung abgebildete Y zu der Szene dazugehört und eine tiefere Bedeutung hat, lässt sich nicht sagen. Bei dem Graffito handelt es sich um eine der ältesten erhaltenen Darstellungen der Kreuzigung Jesu. Ganz offenkundig liegt ein Spottkruzifix vor. Einer der Kameraden des Alexamenos hat es an die Wand gekritzelt, um diesen wegen seines christlichen Glaubens zu verhöhnen. Wie kommt aber das merkwürdige Bildnis des gekreuzigten Christus mit Eselskopf zustande?

Der Esel hatte in der Antike in unterschiedlicher Weise religiöse Bedeutung. In der griechisch-römischen Welt wurde er dem Gott des Weines, Dionysos bzw. Bacchus, zugeordnet. In Ägypten war er der Gottheit Seth-Tryphon zugehörig. Deshalb begegnet man vereinzelt der Spekulation, das Graffito vom Palatin sei keine Spottzeichnung, sondern ein Glaubensbekenntnis. Alexamenos habe einer gnostischen Sekte angehört, von der Christus mit dem gelegentlich eselsköpfig dargestellten Seth-Tryphon identifiziert worden sei, und die Zeichnung selber in die Wand geritzt. Das ist jedoch abwegig. Im Hintergrund des Spottkruzifixes vom Palatin steht vielmehr die Übertragung judenfeindlicher Polemik auf das Christentum.

Einer der stereotypen Vorwürfe gegen die Juden lautete, dass sie im Jerusalemer Tempel einen Esel oder Eselskopf anbeteten. Dies ist abwertend gemeint, da der Esel in antiken Quellen gemeinhin als Kreatur begegnet, die in hervorgehobener Weise Dummheit und Lüsternheit verkörpert. Wie die Behauptung vom angeblichen Eselskult der Juden entstand, lässt sich nicht mehr eindeutig klären. Nachweislich verbreitet wurde sie erstmals in der ägyptischen Metropole Alexandria; manche glauben sie noch weiter bis in das syrische Antiochia zurückverfolgen zu können. Der judenfeindliche Rhetor Apion aus Alexandria, mit dessen Behauptungen der Geschichtsschreiber Josephus sich in einer Gegenschrift auseinandersetzt, spricht unter Rückgriff auf ältere Quellen von einem goldenen Eselskopf, der im Tempel zu Jerusalem verehrt wurde. Dort soll er dem syrischen Herrscher Antiochus IV. in die Hände gefallen sein, als der in der Makkabäerzeit das jüdische Heiligtum plünderte, um sich Geld für einen bevorstehenden Feldzug zu verschaffen. Der römische Historiker Tacitus und der griechische Schriftsteller Plutarch wissen dagegen nicht von einem Eselskopf, sondern von einer Statue in Eselsgestalt zu berichten, die sich im Jerusalemer Tempel befunden haben soll. Beide Autoren überliefern zudem zur Erklärung der jüdischen Eselsverehrung eine Legende, die in der Zeit der Wüstenwanderung Israels spielt und darauf Bezug nimmt, dass der Esel in antiken Volkserzählungen als Wasser liebendes und Quellen

Das Spottkruzifix vom Palatin

aufspürendes Tier gilt. Anknüpfungspunkt ist die alttesta-
mentliche Geschichte aus dem Buch Exodus vom Wasser-
mangel der Israeliten in der Wüste. Während im biblischen
Text die Errettung durch den Wasser spendenden Felsen erfolgt, erzählen Tacitus und Plutarch, dass Mose den Spuren
einer Wildeselherde im Wüstensand folgte und so zu einer
Wasserader geführt wurde. Zum Dank für die wunderbare Errettung habe man später im Inneren des Tempels ein
Eselsbild aufgestellt und geweiht.

Der geschichtliche Wert dieser Legende ist gleich null. Die Existenz eines Eselskopfes oder einer Eselsstatue im Jerusalemer Tempel kann angesichts des alttestamentlichen Bilderverbots so gut wie ausgeschlossen werden. Für die Entstehung des herabwürdigenden Vorwurfs eines jüdischen Eselskults könnte es eine Rolle gespielt haben, dass der hebräische Gottesname lautlich dem ägyptischen Wort für Esel ähnelt. Denkbar ist auch, dass von Gegnern des Judentums Züge der eselsgestaltig abgebildeten ägyptischen Gottheit Seth-Tryphon auf den Gott der Bibel übertragen wurden. Der christliche Apologet Tertullian ist der älteste Zeuge dafür, dass die Eselsverehrung nicht nur den Juden, sondern bald auch den Christen nachgesagt wurde. Dies ist kaum verwunderlich, da man in der griechisch-römischen Welt anfangs keine sorgfältige Unterscheidung zwischen Judentum und Christentum traf. Der Unterschied zwischen den beiden aus Palästina stammenden Religionen war noch nicht im allgemeinen Bewusstsein verankert, und das Christentum galt als jüdische Sekte. Auf diese Weise wurde der von den Christen angebetete Gekreuzigte zum eselsköpfigen Gott. Dabei wurde Jesus nicht nur am Kreuz als Esel dargestellt, wie es das Graffito aus Rom bezeugt. Tertullian empört sich in einer seiner Schriften über eine in Karthago verbreitete Jesus-Darstellung, die von einem Juden der Stadt stammte und antiken Lehrerkarikaturen nachempfunden war. Sie zeigte den lehrenden Jesus, der eine Toga trägt und ein Buch in Händen hält, mit Eselsohren und einem Huf anstelle des Fußes.

Das Spottkruzifix vom Palatin veranschaulicht in plastischer Weise die Aussage des Apostels Paulus aus dem Anfangskapitel des 1. Korintherbriefs, die Botschaft vom gekreuzigten Christus sei den Juden ein Ärgernis, den Heiden aber eine Torheit. Die Kreuzigung, der oftmals eine Geißelung und ein Zerbrechen der Knochen vorausging, war im römischen

Recht die mit Abstand grausamste und unehrenhafteste Form der Hinrichtung. Der Rhetoriker Quintilian preist sie als gutes Werk und fordert, dass die Kreuze zur Abschreckung an den verkehrsreichsten Straßen stehen sollten. Oftmals verweigerten die Behörden den Hinterbliebenen die Bestattung der Hingerichteten, sodass die am Kreuz hängenden Leichname zum Fraß der Vögel wurden und einen verheerenden Anblick boten. Zu den von dieser Todesstrafe Betroffenen zählten in erster Linie Sklaven und Freigelassene. An zum Tode verurteilten Personen, die das römische Bürgerrecht besaßen, wurde die Kreuzigung in der frühen Kaiserzeit normalerweise nicht vollzogen, sondern das Urteil durch die vergleichsweise humanere Enthauptung vollstreckt. Cicero hält schon die Erwähnung des Kreuzes für eine Sache, die eines römischen Bürgers und freien Mannes unwürdig sei.

Auf diesem Hintergrund stieß die christliche Predigt vom gekreuzigten Sohn Gottes auf Unverständnis. Sterbende und anschließend zu Göttern erhobene Heroen sind in der griechischen Mythologie an sich nichts Ungewöhnliches. Beispielsweise wurde von Asklepios erzählt, dass Zeus ihn wegen eines Fehlverhaltens durch Blitzstrahl getötet und in die Unterwelt verbannt hatte, bevor er dann aus dem Hades zurückkehrte und in den Kreis der himmlischen Götter aufgenommen wurde. Dass aber ein Gottessohn den Verbrechertod am Kreuz gestorben sein sollte, galt in weiten Teilen der griechisch-römischen Welt als ganz unvorstellbar. Die einzige zumindest halbwegs vergleichbare Parallele ist das Schicksal des Prometheus, der von Zeus als Strafe dafür, dass er den Menschen das Feuer brachte, an einen Felsblock angenagelt wurde. Dies kommt einer Kreuzigung recht nahe und wird von einzelnen antiken Quellen als solche verstanden oder mit ihr verglichen. Allerdings erlitt Prometheus nicht den Tod, sondern wurde bei lebendigem Leibe für einen Zeitraum von mehreren Jahren grausam gequält, indem ihm ein Vogel die über Nacht immer wieder nachwachsende Leber auspickte. Wenn das Graffito aus Rom den gekreuzigten Christus als Esel verhöhnt und seinen Anhänger Alexamenos als Esels-anbeter mit Spott übergießt, spiegelt es das allgemeine Un-verständnis darüber wider, wie man eine Person als göttliches Wesen verehren kann, die den schmachvollen Kreuzestod ge-storben ist.

19. Das Ossuar des Jakobus – die perfekte Fälschung?

Im Jahr 2002 trat unter mysteriösen Begleitumständen ein Steinsarg an das Licht der Öffentlichkeit, der eine sensationsträchtige Inschrift aufweist. Enthielt dieser Fund die Gebeine des Herrenbruders Jakobus und bietet er zudem den ersten archäologischen Beweis für die Existenz Jesu, wie sogleich von der Weltpresse enthusiastisch vermeldet wurde? Um diese Frage geht es in diesem Kapitel.

Bei dem Fundstück handelt es sich um ein Ossuar, eine Knochenurne. In Jerusalem war es um die Zeitenwende üblich, verstorbene Personen nach Ende des Verwesungsprozesses umzubetten und ein zweites Mal zu bestatten. Unmittelbar nach Eintreten des Todes wurde der Leichnam gesalbt, in Tücher gehüllt und in einer Grabkammer auf einer Bank beigesetzt. Nach ungefähr einem Jahr, wenn der Verwesungsprozess zum Abschluss gekommen war, sammelte man die Knochen ein und legte sie in ein solches Ossuar, einen kleinen Kalksteinsarg, in dem sie in einer Nische der Grabkammer ihre letzte Ruhestätte fanden. Diese Bestattungspraxis war nur für eine kurze Zeitspanne gebräuchlich. Sie begann Mitte des 1. Jahrhunderts vor unserer Zeitrechnung in Mode zu kommen und fand mit der Zerstörung Jerusalems infolge des Jüdischen Krieges im Jahr 70 ihr Ende. Mehr als neunhundert solcher jüdischen Ossuare sind bislang wissenschaftlich erfasst worden und zeugen von jener Epoche. Gezielte archäologische Grabungen nach Ossuaren sind in Israel aus religiösen Gründen gesetzlich untersagt. Sie stören die Totenruhe und entweihen die Grabstätte. Ossuare kommen deshalb in der Regel zufällig im Gefolge von Tiefbauarbeiten an das Tageslicht. Die Totengebeine werden in diesem Fall sogleich einem orthodoxen Rabbiner zur Wiederbestattung übergeben, während die Steinsärge selbst von der Altertumsbehörde katalogisiert und eingelagert werden. Daneben tauchen immer wieder Ossuare auf dem Schwarzmarkt auf, die aus Raubgrabungen stammen.

Ungefähr ein Drittel der wissenschaftlich erfassten Ossuare trägt Inschriften. Sie sind teils auf Aramäisch, teils auf Griechisch, zuweilen auch in beiden Sprachen in den Kalkstein eingeritzt und geben Auskunft über die Person, deren Gebeine das Ossuar beherbergt. Die Frontseiten der steinernen Miniatursärge sind oftmals mit Rosetten oder anderen Motiven verziert. Als Verschluss diente ein flacher, gewölbter oder spitzdachförmiger Deckel. In zahlreichen Fällen fanden in den bislang entdeckten Ossuaren auch die sterblichen Überreste von mehr als nur einer Person ihre letzte Ruhestätte. Als bedeutsamster Fund dieser Art galt lange Zeit ein mit besonders aufwendigen Verzierungen und der Inschrift „Josef, Sohn des Kaiphas" versehenes Ossuar, das 1990 in einem Grab in Talpiot südlich des antiken Jerusalem entdeckt wurde. Es barg aller Wahrscheinlichkeit nach die sterblichen Überreste des Hohepriesters Josef Kaiphas in sich, der für die Überstellung Jesu an Pontius Pilatus verantwortlich war. Aufsehen erregte auch das 1968 in einem Grab im Nordosten Jerusalems entdeckte Ossuar eines knapp dreißigjährigen Mannes namens Jochanan, dessen Knochenreste eindeutig die Spuren der Kreuzigung tragen. Mittlerweile hat das Ossuar des Jakobus diesen Funden in der Öffentlichkeit bei Weitem den Rang abgelaufen. (Von den Knochenurnen aus dem vermeintlichen Familiengrab Jesu wird im nächsten Kapitel die Rede sein.)

Jakob, dessen Name uns in seiner latinisierten Form Jakobus geläufiger ist, war wohl der älteste der vier Brüder Jesu (Markus 6,3). Da er gern mit den Aposteln Jakobus, dem Sohn des Zebedäus, und Jakobus, dem Sohn des Alphäus, aus dem Kreis der zwölf Jünger verwechselt wird, bezeichnet man ihn als den Herrenbruder Jakobus. In antiken Quellen begegnet er wegen seines vorbildlichen Lebenswandels auch als Jakobus der Gerechte. Nach protestantischem Verständnis spricht nichts dagegen, ihn für den leiblichen Bruder Jesu zu halten. Die griechisch-orthodoxe Kirche betrachtet ihn als Halbbruder des Herrn. Sie stützt sich dabei auf das apokryphe Protevangelium des Jakobus aus dem späten 2. Jahrhundert, wo Jakobus im Horizont der Vorstellung einer immerwährenden Jungfräulichkeit Marias als Sohn des verwitweten Josef aus einer früheren Ehe gilt. Dieses Mariendogma, das 553 auf dem Konzil von Konstantinopel festgeschrieben wurde, prägt auch die katholische Auslegungstradition. Sie fasst den Begriff Bruder in einem weiteren Sinne auf und sieht in Jakobus einen Vetter oder sonstigen Blutsverwandten Jesu. Nach dem Tod Jesu nahm Jakobus früh eine führende Stellung in der Urgemeinde von Jerusalem ein und rückte bald zu ihrer unumschränkten Leitfigur auf. Im Jahre 62 wurde Jakobus während einer Vakanz im Amt des römischen Statthalters durch den Hohepriester Ananos zum Tode verurteilt und gesteinigt. Die Gründe für seine Hinrichtung sind unbekannt.

Das aus einer Raubgrabung stammende Jakobus-Ossuar trägt die aramäische Inschrift „Jakob, Sohn des Josef, Bruder des Jeschua". Bei „Jeschua" handelt es sich um die aramäische (und damit ursprüngliche) Form des Namens „Jesus". Eine derartige Identifikation der beigesetzten Person über den Bruder ist im antiken Judentum äußerst ungewöhnlich. Sie kommt auf den mehr als neunhundert wissenschaftlich erfassten Ossuaren nur ein einziges weiteres Mal vor. Die sterblichen Überreste der einst im Jakobus-Ossuar bestatteten Person sind nicht mehr vorhanden. Vermutlich wurden die Gebeine von den Grabräubern beseitigt, bevor diese das Fundstück auf den Antikenmarkt brachten. Wie ungefähr die Hälfte aller uns bekannten jüdischen Ossuare aus der Antike weist das Jakobus-Ossuar Verzierungen auf, und zwar in Form zweier Doppelkreise auf der Vorderseite und feiner Ritzungen auf einer der beiden Schmalseiten. Wegen der Herkunft des Fundstücks aus einer Raubgrabung lassen sich über den ursprünglichen archäologischen Kontext keine Angaben machen. Es ist unbekannt, wo genau das Ossuar entdeckt wurde und was das betreffende Grab darüber hinaus enthielt. Der Kalkstein, aus dem es gefertigt wurde, weist in die unmittelbare Umgebung von Jerusalem.

Dass mit dem Ossuar selber ein authentisches archäologisches Relikt aus dem 1. Jahrhundert vorliegt, steht außer Zweifel. Die Zusammensetzung des Steines und die Analyse von Bodenresten an der Unterseite des Ossuars bestätigen dies eindeutig. Heiß diskutiert wird allerdings die Frage, ob es sich bei der Inschrift auf der Urne oder zumindest Teilen davon um eine geschickte Fälschung handelt. Die mysteriösen Begleitumstände, die mit dem Auftauchen des Fundes verbunden sind, geben zu dieser Annahme Anlass. Besitzer des Jakobus-Ossuars ist der israelische Unternehmer und Antiquitätensammler Oded Golan, der das Stück um das Jahr 1970 herum in Ost-Jerusalem von einem arabischen Händler für 200 Dollar erworben haben will. Beim Kauf sei ihm mitgeteilt worden, dass das Ossuar aus dem arabischen Dorf Silwan östlich der Jerusalemer Davidstadt stamme. Ein wesentlich späteres Kaufdatum durfte Golan, ohne sich selbst zu belasten, allerdings auch kaum nennen, da gemäß der Rechtslage in Israel alle nach 1978 erworbenen Antiquitäten unbekannter Herkunft als unrechtmäßig erworbenes Eigentum gelten und vom Staat konfisziert werden. Da der Steinsarg erst 2002 an das Licht der Öffentlichkeit trat, könnte er durchaus aus einem Grab im Hinnom-Tal stammen, das 1998 und 2000 von

Das Ossuar des Jakobus

Grabräubern heimgesucht wurde. Nach eigenem Bekunden war sich Golan jahrzehntelang nicht über die tatsächliche Bedeutung des Ossuars im Klaren, bis er es im Frühjahr 2002 in seinem Apartment in Tel Aviv von dem renommierten französischen Inschriftenexperten André Lemaire in Augenschein nehmen ließ. Dieser brachte das Ossuar sogleich mit dem Herrenbruder Jakobus in Verbindung, von dessen Existenz und Bedeutung der Besitzer des Fundstückes angeblich nicht das Geringste wusste. Ihm sei nie in den Sinn gekommen, dass der Sohn Gottes einen Bruder gehabt haben könne.

Unter der Bedingung, dass sein Name in der Öffentlichkeit aus der Sache herausgehalten werde, stimmte Oded Golan einer Publikation der Inschrift in der von Hershel Shanks herausgegebenen *Biblical Archaeology Review* und einer Ausstellung des Objektes in Kanada zu. Zuvor kam es mit Einverständnis des Besitzers zu einer ersten Untersuchung des Ossuars durch den Geological Survey of Israel. Dabei ließen sich keinerlei Spuren moderner Werkzeuge an dem Ossuar nachweisen. Sowohl die Inschrift selber als auch die Patina seien authentisch. Mittlerweile hatten auch eine große kanadische Fernsehanstalt und der Discovery Channel von der Sache Wind bekommen. Im Oktober 2002 setzten sie auf einer Pressekonferenz unter Beteiligung von Hershel Shanks die Weltöffentlichkeit von der Existenz des Jakobus-Ossuars in Kenntnis und lösten mit dieser Nachricht ein gewaltiges Medienecho aus. Ende 2002 wurde dann das Ossuar selber im Royal Ontario Museum in Toronto unter großer Anteilnahme von Presse, Rundfunk und Fernsehen als Gebeinkasten des Herrenbruders Jakobus und erster archäologischer Beweis für die Existenz Jesu präsentiert. Bevor das Fundstück vom Publikum in Augenschein genommen werden konnte, musste es allerdings aufwendig restauriert werden, da es auf dem Transport nach Kanada in fünf Teile zerbrochen war. Die Identität seines Besitzers hielten André Lemaire und Hershel Shanks nach wie vor geheim. Er war allen anderen Beteiligten nur unter dem Decknamen Joe bekannt.

Die Dinge nahmen eine dramatische Wendung, als es im März 2003 zu einer unangekündigten Polizeirazzia in einer von Oded Golan angemieteten Lagerhalle kam. Das Jakobus-Ossuar war von den israelischen Behörden schon im Februar 2003 unmittelbar nach seiner Rückkehr aus Kanada beschlagnahmt worden, um es einer neuerlichen Analyse zu unterziehen. Den amtlichen Stellen war die Identität seines Besitzers längst bekannt, da dieser eine Ausfuhrgenehmigung für die Überführung des Objekts nach Toronto hatte beantragen müssen. Im Hintergrund der polizeilichen Ermittlungen stand der Verdacht des illegalen Erwerbs von Antiquitäten. Hinzu kam der Sachverhalt, dass eine angeblich aus dem 9. Jahrhundert v. Chr. stammende Steintafel, deren Inschrift den jüdischen König Joasch und seine Reparaturarbeiten am Tempel Salomos erwähnt, mit hoher Wahrscheinlichkeit als Fälschung identifiziert worden war. Dieses Objekt hatte sich ebenso wie das Jakobus-Ossuar zeitweise im Besitz von Golan befunden und war ebenfalls vom Geological Survey of Israel zunächst für echt befunden worden. Bei der Durchsuchung der Lagerhalle kamen Werkzeuge und Mineralien ans Tageslicht, die sich nach Einschätzung von Fachleuten bestens zur Fälschung antiker Inschriften eigneten. Das auch von vielen Experten für echt gehaltene Schriftbild auf dem Ossuar verdankt sich möglicherweise der geschickten Nachahmung authentischer Inschriften aus der Zeitenwende. Bei der Razzia wurde ein Katalog mit Abbildungen von bereits publizierten Ossuarinschriften sichergestellt, der Inschriftenfälschern als eine Art Musterbuch für ihre Tätigkeit gedient haben könnte. Diese hätten dann mithilfe von Grafik-Software antike Inschriften eingescannt, aus deren Buchstaben neue Formulierungen zusammengestellt und diese computergesteuert in antike Fundstücke eingraviert, um das Ganze schließlich mit selbsthergestellter Patina zu überziehen.

Tiefer gehende naturwissenschaftliche Untersuchungen durch den Geological Survey of Israel führten nun zu dem Ergebnis, dass sich auf dem Kalkstein des Jakobus-Ossuars im Laufe der Jahrhunderte aufgrund von Verwitterungsprozessen zwei natürliche Patinaschichten gebildet haben. Im Bereich der Inschrift würden diese von einer künstlichen Patinaschicht überlagert, die sich aus einem Gemisch von zerriebenem Kalkmaterial und erhitztem Leitungswasser zusammensetze. Zudem zeige eine mikroskopische Analyse, dass die in den weichen Kalkstein eingeritzte Inschrift die beiden natürlichen Patinaschichten durchschneide und damit deutlich jüngeren Datums als das Ossuar selber sei. Als Folge dieser Untersuchungen ließ das israelische Amt für Altertümer im Juni 2003 verlautbaren, dass zumindest der Passus „Bruder des Jeschua" in der Inschrift eine Fälschung darstelle. Oded Golan wurde – gemeinsam mit einem ehemaligen Konservator des Israel-Museums und einem Inschriftenexperten der Universität

Haifa – formell der Fälschung von Antiquitäten angeklagt. Zu den Vorwürfen der Anklage zählte, er habe einem an sich authentischen antiken Ossuar mit der Inschrift „Jakob, Sohn des Josef" zur Wertsteigerung die Worte „Bruder des Jeschua" hinzugefügt und diese mit einer künstlichen Patina überzogen sowie außerdem über das Erwerbsdatum des Fundstückes falsche Angaben gemacht. Bereits zuvor hatte ein mit Oded Golan konkurrierender Antiquitätensammler behauptet, ihm sei das Objekt noch im Jahr 2001 allein mit der Inschrift „Jakob, Sohn des Josef" angeboten worden. Golan selbst weist jedoch alle gegen ihn erhobenen Vorwürfe zurück.

Mit diesen Entwicklungen ist allerdings die Diskussion noch nicht zum Abschluss gekommen. Etliche Wissenschaftler, darunter neben André Lemaire auch mehrere israelische Experten, zweifeln die Ergebnisse der neuerlichen Untersuchung des Objekts an und verteidigen nach wie vor vehement die Echtheit der gesamten Inschrift. Wolfgang Krumbein, Professur für Geomikrobiologie an der Universität Oldenburg, kam in seiner 2005 vorgenommenen Analyse des umstrittenen Objekts zu dem Ergebnis, dass die Inschrift des Ossuars an mehreren Stellen Spuren natürlicher Patina enthalte und die Oberfläche der Worte „Bruder des Jeschua" sich in nichts von der Beschaffenheit der übrigen Teile der Inschrift unterscheide. Ob weiter gehende Untersuchungen zu einer eindeutigen Klärung der offenen Situation beitragen können, ist fraglich. Auch wenn ganz erhebliche Verdachtsmomente für eine Fälschung vorliegen, kann die Möglichkeit nicht ausgeschlossen werden, dass die Inschrift in ihrem vollen Bestand echt ist. Dann könnte es sich bei dem Fundstück tatsächlich um einen Steinsarg handeln, der einst die sterblichen Überreste des Bruders Jesu in sich barg. Angesichts des außerordentlich hohen Verbreitungsgrades der Namen Jakob, Josef und Jeschua im Judentum der Zeitenwende wäre zwar die statistische

Wahrscheinlichkeit dafür nicht allzu hoch. Allerdings würde im Falle der Echtheit die mehr als ungewöhnliche Definition des verstorbenen Jakob über seinen Bruder Jeschua darauf hindeuten, dass es sich bei Letzterem um eine berühmte Person gehandelt hätte – was tatsächlich an Jesus von Nazareth denken ließe. Sollte es sich aber um eine Fälschung handeln, müsste man dem Team um Oded Golan zumindest attestieren, handwerklich hervorragende Arbeit geleistet zu haben. Erneut in den Fokus des Interesses rückte das Jakobus-Ossuar dann im Zusammenhang mit der Identifizierung des angeblichen Familiengrabes Jesu in Talpiot.

20. *Das ominöse Familiengrab von Talpiot*

Ende Februar 2007 wurde auf einer Pressekonferenz in der New York Public Library die sensationelle Nachricht von der Entdeckung eines Kammergrabes in Jerusalem verbreitet, das neben Jesus von Nazareth auch Maria Magdalena, einem gemeinsamen Kind namens Jehuda und weiteren Mitgliedern der Familie Jesu als letzte Ruhestätte gedient habe. Gleichzeitig präsentierte man dem staunenden Publikum in einer dramaturgisch beeindruckenden Inszenierung die angeblichen Sarkophage von Jesus und Maria Magdalena, die mit schwarzem Tuch bedeckt auf dem Podium standen, um dann feierlich enthüllt zu werden. Vorgestellt wurde diese Sensation von keinem Geringeren als dem *Titanic*-Regisseur und Oscar-Gewinner James Cameron, der den kanadischen Dokumentarfilmer und Emmy-Preisträger Simcha Jacobovici an seiner Seite hatte. Als weitere Personen saßen der israelische Archäologe Shimon Gibson und der nordamerikanische Religionswissenschaftler James D. Tabor auf dem Podium. Wenige Wochen später flimmerte dann die von Cameron und Jacobovici gemeinsam für den *Discovery Channel* produzierte Dokumentation *The Burial Cave of Jesus* weltweit über die Bildschirme. Im deutschsprachigen Raum wurde sie am Karfreitag 2007 von Pro Sieben ausgestrahlt. Im Hintergrund dieser spektakulären Enthüllung, die ein gewaltiges Medienecho auslöste, steht eine damals bereits mehr als ein Vierteljahrhundert zurückliegende archäologische Entdeckung in Jerusalem, der man bis dahin keine größere Bedeutung beigemessen hatte.

Im März 1980 wurde im Jerusalemer Vorort Talpiot damit begonnen, einen neuen Wohnkomplex mit Apartmenthäu-

sern zu errichten. Bei den Tiefbauarbeiten stieß ein Bulldo-
zer auf eine Grabhöhle aus dem 1. Jahrhundert. Die staatli-
che Altertumsbehörde betraute ein Archäologenteam unter
Leitung von Josef Gath mit einer Notgrabung, bei der zehn
aus Kalkstein gefertigte Ossuare ans Tageslicht gefördert
und Skizzen der Grabstätte erstellt wurden. Die sterblichen
Überreste von etwa achtzehn Personen, die im Rahmen der
Primärbestattung in der Grabhöhle von Talpiot beigesetzt
worden waren und deren Gebeine man vermutlich infolge
des Jüdischen Krieges nicht mehr in Ossuare umgebettet
hatte, blieben unangetastet. Nach einer Bergung der zehn
Steinsärge wurde die Grabstätte versiegelt und mit Wohn-
blocks überbaut. Sechs der entdeckten Steinsärge tragen eine
Inschrift mit dem Namen der Person, deren Gebeine darin
bestattet wurden. Fünf der Inschriften, nämlich „Jehuda bar
[Sohn des] Jeschua", „Matja", „Jeschua bar Josef", „Jose" und
„Marja" sind mit hebräischen bzw. aramäischen Schriftzei-
chen in den Kalkstein eingeritzt. Ein Ossuar trägt die griechische Inschrift *Mariamene auch genannt Mara*. Von den
beteiligten Archäologen wurde der Fund als nicht sonderlich
spektakulär eingestuft. Die Ossuare unterschieden sich in
nichts von vergleichbaren Objekten dieser Art, und die auf
ihnen bezeugten Namen waren im Judentum der Zeitenwende weit verbreitet. Auch der Steinsarg des Jeschua bar
Josef stellte keine Sensation dar. Die gleiche Inschrift war
bereits 1926 in Jerusalem auf einem Ossuar im Keller des Ro-
ckefeller-Museums entdeckt worden, ohne dass angesichts
des hohen Verbreitungsgrades der Namen Jeschua (Jesus)
und Josef im antiken Judentum irgendjemand ernsthaft den
Versuch unternommen hätte, sie mit Jesus von Nazareth in
Verbindung zu bringen.

Die Ossuare von Talpiot wurden katalogisiert und im Ma-
gazin der Altertumsbehörde in Beth Shemesh eingelagert. Ihr

Eingang der Grabhöhle von Talpiot

Inhalt war bereits zuvor, wie es den gesetzlichen Vorschriften entspricht, einem Rabbiner zur ordnungsgemäßen Wiederbestattung übergeben worden. Da der Grabungsleiter Josef Gath bald verstorben war, gingen nach Entdeckung der Familiengruft mehr als fünfzehn Jahre ins Land, bis sein Assistent Amos Kloner den Grabungsbericht zum Abschluss brachte und 1996 in einer Fachzeitschrift die Gelehrtenwelt ausführlicher über die Funde von Talpiot informierte. Bereits 1994 waren die Inschriften von Levi Rahmani in seinem Katalog über die im Besitz des Staates Israel befindlichen Ossuare veröffentlicht worden. Keiner der israelischen Gelehrten stellte eine Beziehung zum Neuen Testament her. Nur einmal geriet das Familiengrab von Talpiot kurz in das Visier der breiteren Öffentlichkeit. Ostern 1996 strahlte die BBC eine Dokumentation über jüdische Bestattungsriten in den Tagen Jesu aus, in der die Vermutung geäußert wurde, das Grab von Talpiot könne die sterblichen Überreste Jesu von Nazareth und seiner Angehörigen in sich geborgen haben. Die Angelegenheit erregte jedoch nur für kurze Zeit Aufsehen und geriet bald wieder in Vergessenheit.

Dies änderte sich schlagartig im Jahr 2003, als Simcha Jacobovici an einem Dokumentarfilm über das umstrittene Jakobus-Ossuar arbeitete und im Rahmen seiner Recherchen auch mit Amos Kloner in Jerusalem sprach. Dieser fragte im Scherz, warum Jacobovici sich denn mit dem Ossuar des Bruders Jesu zufriedengebe, wenn er doch sogar dasjenige von Jesus persönlich haben könne, und verwies in diesem Zusammenhang beiläufig auf das Familiengrab von Talpiot. Simcha Jacobovici aber hatte sofort Feuer gefangen und witterte hinter der scherzhaft daherkommenden Information eine Sensation. Er glaubte bei der Namenskonstellation von Talpiot nicht an Zufall, sondern äußerte nach einer Sichtung der Ossuare in den Lagerhallen der Altertumsbehörde die Vermutung, die Steinsärge von Jesus und seiner Familie vor sich zu haben. Später machte Jacobovici, den James Cameron als eine Art „real-life Indiana Jones" charakterisiert, in dem Apartmentkomplex von Talpiot sogar einen versteckten Zugang zu der 1980 überbauten Grabkammer ausfindig und nahm diese persönlich in Augenschein.

Wenn Jacobovici recht hätte und der Jeschua bar Josef von Talpiot tatsächlich Jesus von Nazareth wäre, müssten dessen Gebeine etwa ein Jahr nach der Primärbestattung durch Josef von Arimathäa, von der die Evangelien berichten, in einem Steinsarg zweitbestattet worden sein. Mit dem Ossuar des Jose glaubte Jacobovici die Knochenurne des gleichnamigen Bruders Jesu vor sich zu haben, der im 6. Kapitel des Markusevangeliums Erwähnung findet. Das Ossuar der Marja brachte er mit der Gottesmutter Maria in Verbindung. Nicht so recht ins gewünschte Bild wollte das Ossuar des Matja passen. Diese Tatsache wird mit dem flüchtigen Verweis auf Träger des Namens Mattat, Mattata oder Mattitja im Stammbaum Jesu, wie er im 3. Kapitel des Lukasevangeliums überliefert ist, sowie haltlosen Spekulationen über einen gleichnamigen Cousin Marias, der in Talpiot beigesetzt worden sein könne, schnell übergangen. Stattdessen rückten die Knochenurnen der auch Mara genannten Mariamene und des Jehuda bar Jeschua in den Vordergrund. Von ihnen gewann Jacobovici bald die feste Überzeugung, dass sie die sterblichen Überreste der Maria Magdalena und ihres von Jesus gezeugten Kindes in sich geborgen hätten. Dieser Jehuda soll schließlich allen Ernstes auch noch mit dem Lieblingsjünger aus dem Johannesevangelium identisch sein.

Was Dan Brown im *Da Vinci Code* aus literarischen Quellen meinte erwiesen zu haben, schien sich nun auch vom archäologischen Befund her erhärten zu lassen, nämlich eine Ehe Jesu mit Maria Magdalena, aus der Nachwuchs hervorgegangen war. Der einzige Unterschied besteht darin, dass hier ein Sohn namens Jehuda, dort eine Tochter namens Sarah glaubhaft gemacht werden soll. Jacobovici arbeitete intensiv daran, die vermeintliche Sensation publikumswirksam an die Öffentlichkeit zu bringen, bevor andere davon Wind bekamen. Shimon Gibson, der ein Vierteljahrhundert zuvor bei den Grabungen von Talpiot die Skizzen der Gruft erstellt hatte, und James D. Tabor, der im Zusammenhang seiner Arbeiten über die Jesus-Dynastie ebenfalls auf das Grab von Talpiot gestoßen war, wurden als Experten zu Rate gezogen und mussten sich schriftlich zu strengster Geheimhaltung verpflichten. Zudem holte Jacobovici den renommierten Sachbuchautor Charles Pellegrino und später auch James Cameron mit ins Boot. Am Ende standen der erwähnte Dokumentarfilm von Cameron und Jacobovici über die Grabhöhle Jesu und das 2007 parallel dazu erschienene Buch *The Jesus Family Tomb*, das Jacobovici gemeinsam mit Pellegrino verfasst hatte.

Bei genauerer Betrachtung zeigen sich jedoch deutliche Risse im idyllischen Bild vom Familienglück Jesu, wie es von dem Talpiot-Grab scheinbar widergespiegelt wird. Die Behauptung, mit Marja, einer Variante von Maria oder Mariam, müsse Jesu Mutter und mit Jose, einer gebräuchlichen Kurzform von Josef, sein Bruder gemeint sein, bedarf angesichts der Häufigkeit dieser Namen im antiken Judentum kaum einer ernsthaften Erörterung. Zudem gibt es keinen Hinweis darauf, dass Maria tatsächlich als Marja angeredet wurde. Erheblichen Zweifeln unterliegt auch die Annahme, der Steinsarg des Jeschua bar Josef aus Talpiot habe die sterblichen Überreste Jesu von Nazareth in sich geborgen. Das Jeschua-Ossuar weist im Gegensatz zu den Ossuaren der Mariamene und des Jehuda keinerlei Verzierungen auf. Zudem enthält es von allen Fundstücken aus Talpiot die unleserlichste Inschrift. Die Worte „Jeschua bar Josef" sind nur flüchtig in den Kalkstein geritzt, wobei die Buchstaben von „Jeschua" kaum zu entziffern sind. Der Bibelwissenschaftler James H. Charlesworth aus Princeton spricht von hingeschludertem Gekritzel. Es ist kaum anzunehmen, dass ausgerechnet das Ossuar des Jesus von Nazareth derart nachlässig und lieblos gestaltet worden wäre. Ein in das Jeschua-Ossuar eingemeißeltes X stellt entgegen den Mutmaßungen von Jacobovici und Pellegrino kein Kreuzessymbol dar, sondern ist eine vom Steinmetz angebrachte Markierung, wie sie sich auch auf unzähligen anderen Ossuaren findet. Übrigens wird nicht nur von Theologen, sondern auch von den Filmemachern selbst zu Recht betont, dass eine Entdeckung der Gebeine Jesu dem christlichen Auferstehungsglauben keineswegs den Boden entziehen würde, da nach dem theologischen Verständnis des Neuen Testaments, wie es beim Apostel Paulus formuliert wird, der Auferstehungsleib eine Neuschöpfung darstellt und nicht mit dem Erdenleib identisch ist.

Als entscheidendes Beweisstück für die Geschichte vom Familiengrab Jesu, in dem er mit Frau und Kind beigesetzt worden sei, wird allerdings der Sarkophag der „Mariamene, die auch Mara hieß", in Anspruch genommen. Es wird die Spekulation in den Raum gestellt, dass Maria Magdalena in Wirklichkeit den Namen Mariamene getragen habe und zudem Mara im Sinne von Herrin genannt worden sei. Mariamene ist eine hellenisierte Nebenform des hebräischen Namens Miriam oder Mariam. Es begegnen (unterschiedslos) auch die Schreibweisen Mariamne, Mariamme und Mariame. Diese hellenisierte Namensform von Miriam oder Mariam war in den Tagen Jesu in jüdischen Kreisen, die sich der griechischen Kultur gegenüber geöffnet hatten, weit verbreitet. Gleich zwei Ehefrauen von Herodes dem Großen hießen Mariamme oder Mariamne. Ein im Kidrontal gefundenes Ossuar trägt die Inschriften Mariame und Mariamne. Der für ein griechisches Lesepublikum schreibende jüdische Historiker Flavius Josephus verwendet die Namensform Mariamme für Miriam, die Schwester des Moses. Der uns unbekannte griechischsprachige Verfasser des apokryphen Protevangeliums des Jakobus spricht an mehreren Stellen seines Werkes von Jesu Mutter Maria als Mariamme.

Auf diesem Hintergrund überrascht es nicht, wenn auch Maria Magdalena in der christlichen Literatur des 2. und 3. Jahrhunderts, namentlich im apokryphen Evangelium der Maria und in Schriften der Kirchenväter, vereinzelt als Mariamme begegnet. Möglicherweise verbirgt sie sich zudem hinter der Mariamne der Philippusakten, einer apokryphen Apostelgeschichte aus dem 4. Jahrhundert. Dieses gnostische Werk erzählt davon, wie der Apostel Philippus gemeinsam mit seinen Zwillingsschwestern Mariamne und Nikanora in Kleinasien das Evangelium verbreitet. Der in Harvard lehrende Bibelwissenschaftler François Bovon stellt die Vermutung auf, dass mit

Mariamne in den Philippusakten auf Maria Magdalena angespielt sein könnte. Er behauptet aber nicht, dass Mariamne ihr wirklicher Name war. Ohne selber einen Bezug des Grabes von Talpiot zur Familie Jesu zu sehen, wird er bei Jacobovici zum Gewährsmann dafür, dass es sich bei der in Talpiot begrabenen Mariamene um Maria Magdalena handele. Wenn griechischsprachige Schriften späterer Jahrhunderte Maria Magdalena vereinzelt Mariamme oder Mariamne nennen, ist noch nicht der Beweis geliefert, dass sie zu Lebzeiten tatsächlich mit dieser hellenisierten Form ihres Namens angeredet wurde. Vielmehr begegnet sie im Neuen Testament immer als Maria oder Mariam mit dem Beinamen Magdalena, der ihre Herkunft aus der Stadt Magdala am Westufer des Sees Genezareth anzeigt. Exakt den Namen Maria Magdalena würde man denn auch als Inschrift auf ihrem Sarkophag erwarten, wenn er einmal gefunden werden sollte, nicht aber „Mariamene, die auch Mara heißt". Dies gilt umso mehr, als Mara eine sehr gebräuchliche und auch auf zwei weiteren Ossuaren aus dem neutestamentlichen Zeitalter belegte Kurzform von Marta darstellt. Wenn Simcha Jacobovici Mariamenes Beinamen Mara im Sinne von „Herrin" oder „Gemeindevorsteherin" auf Maria Magdalena gemünzt sieht, ist das also alles andere als einleuchtend.

Zur Untermauerung der These vom Familiengrab Jesu wurden zudem gentechnische und mathematische Expertisen in Auftrag gegeben. Eine in Ontario durchgeführte DNA-Analyse, die an Knochenrückständen aus den Sarkophagen des Jeschua bar Josef und der Mariamene vorgenommen wurde, zeigt lediglich, dass beide Personen in mütterlicher Linie nicht miteinander verwandt waren. Für Cameron und Jacobovici reicht dies als Bestätigung für eine Ehe zwischen Jeschua und Mariamene. In einem statistischen Gutachten kam der angesehene kanadische Mathematikprofessor Andrey Feuerverger zu dem Ergebnis, dass aufgrund der Kombination der Namen Jeschua bar Josef, Mariamene, Marja und Jose die Wahrscheinlichkeit, die Familie Jesu vor sich zu haben, sechshundert zu eins betrage. Dies klingt auf den ersten Blick überzeugend, verliert aber bei genauerer Betrachtung seine Beweiskraft. Feuerverger ging nämlich bei seinen Berechnungen von den unbewiesenen Prämissen aus, dass die auch Mara genannte Mariamene mit Maria Magdalena und die Marja aus Talpiot mit Jesu Mutter Maria zu identifizieren sei. Zudem ist anzunehmen, dass eine Einbeziehung der unbekannten Personen aus den nicht beschrifteten Ossuaren die statistischen Verhältnisse erheblich verändern würde, da diese, ähnlich wie der Name Matja, vermutlich nicht ins Bild passen würden.

Um die von Feuerverger errechnete Wahrscheinlichkeit gar auf dreißigtausend zu eins hochzuschrauben und damit letztlich zur Gewissheit zu erheben, wird von Jacobovici zudem die Behauptung in den Raum gestellt, auch das umstrittene Jakobus-Ossuar habe sich ursprünglich in dem Grab von Talpiot befunden. Ansatzpunkt für diese Spekulation ist die Tatsache, dass sich von den zehn seinerzeit in Talpiot geborgenen Ossuaren nur noch neun in den Lagerhallen der Israel Antiquity Authority auffinden lassen. Jacobovici glaubt ebenso wie Tabor, den verschollenen zehnten Steinsarg als das Jakobus-Ossuar identifizieren zu können, das von einer an der Ausgrabung in Talpiot beteiligten Person gestohlen und auf den Antiquitätenmarkt gebracht worden sei. Eine Analyse der Patina sollte die These von der Herkunft des Jakobus-Ossuars aus dem Familiengrab von Talpiot untermauern. Der tatsächliche Befund zeigt jedoch das Gegenteil: Nach der bereits erwähnten Krumbein-Expertise zum Jakobus-Ossuar war das Objekt jahrhundertelang atmosphärischen Bedingungen ausgesetzt, die sich von denen in einer geschlossenen Grabhöhle signifikant unterscheiden. Noch schwerer wiegt eine andere Tatsache. Während das Jakobus-Ossuar eine Inschrift und Verzierungen aufweist, war das nicht mehr vorhandene zehnte Ossuar aus Talpiot nachweislich unbeschriftet und undekoriert. Zudem ist in Levi Rahmanis Katalog der Ossuare davon die Rede, dass es bei seiner Entdeckung nur noch in Bruchstücken erhalten war. Vermutlich wurde es wegen seines fragmentarischen Zustandes und seiner allgemeinen Bedeutungslosigkeit nicht eingelagert.

Die bewegende Geschichte von Jesus, Maria Magdalena und ihrem Sprössling Jehuda, die das Team um James Cameron gekonnt in Szene setzte, steht somit auf schwachen Füßen, und ihre Theorie wird wohl (um es einmal so zu sagen) ebenso wie die Titanic Schiffbruch erleiden. Nicht wenige Zeitgenossen glauben, dass sie in erster Linie von Dan Browns *Da Vinci Code* inspiriert ist und an dessen kommerziellen Erfolg anzuknüpfen sucht. Das tatsächliche Grab Jesu dürfte am ehesten dort zu finden sein, wo es seit den Tagen von Kaiser Konstantin verehrt wird, nämlich in der Gruft der Jerusalemer Grabeskirche.

21. Das Grabtuch von Turin – die Mutter aller Reliquien

Das seit dem 14. Jahrhundert bezeugte Grabtuch von Turin wird zu Recht als Mutter aller Reliquien bezeichnet. Es ist das mit Abstand bekannteste und gleichzeitig umstrittenste aller materiellen Relikte, die mit Jesus in Verbindung gebracht werden. Bei dem fraglichen Objekt handelt es sich um ein knapp viereinhalb Meter langes und etwas mehr als einen Meter breites Grableinen mit den nur noch schwach erkennbaren Konturen eines vermutlich gekreuzigten Mannes, der von vorne und von hinten abgebildet ist. Wäre das Tuch echt, dann hätten wir eine konkrete Vorstellung davon, wie Jesus ausgesehen hat. Bereits bei seiner ersten urkundlichen Erwähnung wird es allerdings als Fälschung bezeichnet. In einem Brief aus dem Jahre 1389 klagt der Bischof von Troyes die damaligen Besitzer des Tuches bei Papst Clemens VII. in Avignon als Betrüger an, die sich mit der Ausstellung einer angeblichen Reliquie bereichern wollten. Pilgermedaillen zeigen, dass das Grabtuch bereits 1357 der Öffentlichkeit gezeigt wurde. Von der römisch-katholischen Kirche wird das Objekt wegen der vielen offenen Fragen bezüglich seiner Echtheit offiziell nicht als Reliquie, sondern nur als Ikone anerkannt.

Die neuzeitliche Kontroverse um das Grabtuch von Turin setzte 1898 ein. Sie wurde durch eine Ausstellung des Tuches anlässlich des 50. Jahrestages der italienischen Verfassung bzw. durch die in diesem Zusammenhang entstandene erste Fotografie der Reliquie ausgelöst. Nach dem vernichtenden Ergebnis eines Radiocarbontests im Jahre 1988, bei dem das Grabtuch in das 14. Jahrhundert datiert wurde, schien die Diskussion um die Echtheit der Reliquie ein für alle Mal erledigt. Das Grabtuch von Turin hat sich allerdings erstaunlich schnell von diesem Rückschlag erholt, und die Zahl der Befürworter seiner Echtheit scheint stattlicher zu sein denn je. Das Spektrum reicht dabei von überzeugten Christen auf der einen Seite, die mit der umstrittenen Reliquie einen Beweis für die leibliche Auferstehung Jesu gefunden zu haben glauben, bis hin zu erklärten Kirchengegnern auf der anderen Seite, die im Grabtuch von Turin einen Beleg dafür sehen, dass Jesus die Kreuzigung überlebte und die Glaubenslehren der Kirche auf Sand gebaut sind.

Bei seiner erstmaligen urkundlichen Erwähnung befand sich das Grabtuch im Besitz des Grafen Geoffroi II. von Charny. Im Jahre 1453 kam es in die Hände des Hauses Savoyen und wurde in dessen Residenz Chambéry in den französischen Alpen überführt. 1516 soll sich Albrecht Dürer dorthin begeben haben, um eine Kopie des Grabtuches anzufertigen. Im Dezember 1532 überstand es wie durch ein Wunder beim Brand der Schlosskapelle von Chambéry die Feuerglut, trug dabei aber Beschädigungen davon. 1578 ließ der Herzog von Savoyen die umstrittene Reliquie nach Turin, der neuen Residenzstadt des Fürstenhauses, bringen – daher sein heute üblicher Name. In Turin wird es seit dem 17. Jahrhundert in einer eigens dafür errichteten Seitenkapelle der Kathedrale aufbewahrt. Bis 1983 befand sich das Grabtuch im Besitz des Hauses Savoyen. Mit dem Tod des ehemaligen italienischen Königs Umberto II. aus dem Hause Savoyen im Jahr 1983 ging es durch Vererbung an den Heiligen Stuhl über.

Umstritten ist die Frage, ob sich die Geschichte des erstmals im 14. Jahrhundert bezeugten Grabtuchs weiter zurückverfolgen lässt und wie es im Mittelalter nach Frankreich gekommen sein könnte. Da die Familie der Grafen von Charny in Verbindung zum Templerorden stand, spricht vieles dafür, dass es sich bei der umstrittenen Reliquie um

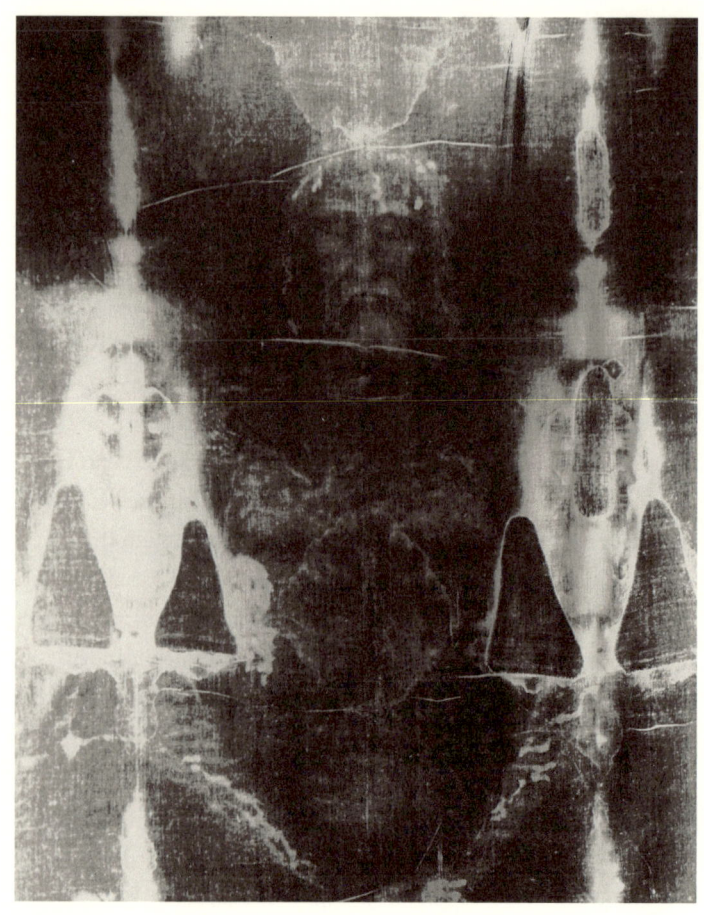

Das Grabtuch von Turin: Das Antlitz des Gekreuzigten im Fotonegativ

das legendäre Mandylion von Edessa handelt, das 1204 in
Konstantinopel nach dem 4. Kreuzzug spurlos verschwand.
Das heute im Osten der Türkei gelegene Edessa war in der
Antike die Hauptstadt von Osrhoene, das als erstes christ-
liches Königreich in die Geschichte einging. Das laut Aus-
kunft der Quellen „von Gott geschaffene und nicht von
Menschenhand gemachte" Christusbild aus Edessa war ein

in acht Schichten gefaltetes Tuch, ein sogenanntes Tetradiplon. Zusammengelegt zeigte es auf der obersten Faltfläche das Antlitz Jesu. Wenn es vollständig auseinandergefaltet wurde, war das Abbild seines gesamten Körpers zu sehen. In Anlehnung an das arabische Wort für Tuch oder Handtuch wird es auch als Mandylion bezeichnet. Die Reliquie befand sich wohl seit Beginn des 5. Jahrhunderts in Edessa und galt dort zeitweise als verschollen. Im Jahr 525 wurde Edessa von einer Flutkatastrophe schwer in Mitleidenschaft gezogen. Bei den nachfolgenden Sanierungsarbeiten an der Stadtmauer soll das Mandylion in einer zugemauerten Nische wiederentdeckt worden sein. Da man sich in Edessa die Herkunft des Leinentuchs mit seinem Christusbild nicht erklären konnte, wurde in Ausgestaltung der Abgarsage die Geschichte erfunden, wie ein gewisser Ananias noch zu Lebzeiten Jesu das Bild aus Jerusalem nach Edessa brachte. Evagrius schildert dann in seiner Kirchengeschichte, wie das Bild 544 bei der Belagerung Edessas durch die Perser von den Bewohnern in höchster Not herbeigeholt wurde und die Stadt in wunderbarer Weise vor dem Ansturm des feindlichen Heeres bewahrte. Das mit Wasser besprengte Mandylion hat angeblich das Schanzwerk des persischen Heeres in Brand gesetzt und zum Einsturz gebracht.

Ältester Kern der Abgarsage, wie sie im 4. Jahrhundert bei Eusebius von Cäsarea begegnet, ist ein fiktiver Briefwechsel des im Zeitraum von 13–50 regierenden Königs Abgar V. von Edessa mit Jesus: Dem erkrankten König sind die Wunder Jesu zu Ohren gekommen. Deshalb lädt er Jesus nach Edessa ein in der Hoffnung, von ihm geheilt zu werden. In seiner Antwort sieht Jesus sich jedoch außerstande, die Reise anzutreten. Nach der Himmelfahrt sendet er aber seinen Apostel Thaddäus (Addai) nach Edessa, der den König heilt. Von einem Christusbild ist erstmals in der *Doctrina Addai* aus dem 5. Jahrhundert die Rede. Dieser legendenhaften Schrift zufolge brachte Abgars Bote Ananias ein eigenhändig von ihm gemaltes Porträt Jesu mit nach Edessa. Beim Anblick des Bildes wurde König Abgar sogleich von seinem Leiden befreit. In den apokryphen Thaddäusakten aus dem 6. Jahrhundert ist es dann kein Gemälde mehr, das Ananias mit sich führt, sondern ein von Jesus selber durch Abdruck seines Gesichts in das Leinen erzeugtes Bild.

Auch nach der Eroberung Edessas durch die Araber im Jahr 638 blieb das Mandylion noch mehrere Jahrhunderte in der Stadt, bis Byzanz im Jahr 944 eigens einen Krieg führte, um in den Besitz der kostbaren Reliquie zu kommen. Im August desselben Jahres kam das Leinentuch in Konstantinopel an und wurde in der Folgezeit in der Reliquienkapelle des kaiserlichen Bukoleonpalastes verwahrt. Dort verliert sich 1204 seine Spur, als die Stadt im Verlauf des 4. Kreuzzugs von den überwiegend französischen Kreuzfahrerhorden gestürmt und systematisch geplündert wurde. Dass es sich bei dem Grabtuch von Turin tatsächlich um das Mandylion von Edessa bzw. Konstantinopel handelt, legt der Blick auf zwei Kunstwerke nahe. Sowohl die angeblich von Albrecht Dürer angefertigte Kopie des heute in Turin verehrten Grabtuchs als auch eine vom Leinentuch in Konstantinopel inspirierte Darstellung der Grablegung Jesu in einem ungarischen Gebetbuch aus dem 12. Jahrhundert bilden vier Brandflecken ab. Sie befinden sich zu beiden Seiten auf Hüfthöhe des Gekreuzigten und können nicht auf den großen Brand von 1532 zurückgehen, sondern müssen sich einer früheren Berührung der Reliquie mit Feuer verdanken.

Die neuzeitliche Erforschung des Grabtuchs setzte mit der Ausstellung von 1898 ein. Anlässlich dieses Ereignisses wurde in der Turiner Kathedrale durch den Rechtsanwalt Secondo Pia erstmals eine fotografische Aufnahme der Reliquie erstellt, die zu sensationellen Ergebnissen führte. Bei normaler Betrachtung zeigt das Grabtuch von Turin das schattenhafte und nur schwer erkennbare Bild eines Mannes. Als Secondo Pia die riesigen Fotoplatten aus dem Entwicklerbad nahm, wagte er seinen Augen kaum zu trauen. Auf der Platte, die normalerweise das Negativ enthält, war ein positives Bild des auf dem Grabtuch abgebildeten Mannes zu sehen. Mit der Umkehrung der Hell-Dunkel-Werte auf dem Fotonegativ wurden die Gesichtszüge des auf dem Leinentuch abgebildeten Mannes erstmals klar erkennbar, während die Blutspuren auf dem Grabtuch, wie es der fotografischen Umkehrung entspricht, als helle Flecken erscheinen. Für die Entstehung des Negativabdrucks auf dem Tuch gibt es bislang keine überzeugende Erklärung. Abgesehen davon, dass der Negativeffekt erst mit der Erfindung der Fotografie entdeckt wurde, war wohl kein Künstler des Mittelalters in der Lage, ihn mit malerischen Mitteln zu erzeugen.

Im 20. Jahrhundert wurde das Grabtuch von Turin zum Gegenstand unterschiedlichster wissenschaftlicher Untersuchungen, die es zu dem am intensivsten analysierten Fundstück aus der gesamten Antike werden ließen. Auf dem Feld der Grabtuchforschung tummelt sich allerdings ein buntes und oftmals nur schwer zu entwirrendes Gemisch von seriösen Fachleuten, Pseudowissenschaftlern und Scharlatanen. Die Analysen erfolgten zunächst auf der Grundlage neuer Fotografien, die 1931 und 1969 mit deutlich verbesserter Technik erstellt wurden. Mit der Einsetzung einer Expertenkommission durch den Kardinal von Turin begann dann eine neue Epoche in der Geschichte der Erforschung des Grabtuchs. Ab 1973 wurden mit Erlaubnis des ehemaligen italienischen Königs Umberto II., des damaligen Eigentümers der Reliquie, auch Direktuntersuchungen an dem umstrittenen Objekt und die Entnahme von Faserproben möglich. In der Folgezeit wurde die Reliquie in einem groß angelegten interdisziplinären Forschungsprojekt unter anderem mit Methoden aus dem Bereich der Mikroskopie, Röntgentechnik, Spektroskopie und Thermografie einer umfassenden wissenschaftlichen Analyse unterzogen.

Zunächst einmal bestätigte sich die bereits durch den Negativeffekt nahegelegte Vermutung, dass es sich bei dem Bildnis auf dem Tuch nicht um ein Gemälde handeln kann. Bei der Untersuchung mit einem für die Weltraumforschung entwickelten Bildanalysator erschien auf dem Monitor eine dreidimensionale, plastisch wirkende Darstellung des in das Grabtuch Gehüllten, wie man sie mit Mitteln der Malerei nicht erzeugen kann. Auch unter modernen Hochleistungsmikroskopen sind auf dem Leinen keine Spuren von Farbe oder andere Hinweise auf eine maltechnische Herstellung des Bildnisses erkennbar. Umstritten sind die Blutflecke auf dem Leinentuch. Vereinzelt vermutet man, dass sie durch Zinnober-Farbpigmente hervorgerufen seien, wie sie von mittelalterlichen Künstlern verwendet wurden. Nach dem mehrheitlichen Urteil der Experten sind sie aber nicht aufgemalt, sondern es handelt sich tatsächlich um menschliches Blut: An entsprechenden Proben wurden mit spektroskopischen und mikrochemischen Methoden Blut und Blutderivate nachgewiesen. Der Grabtuchforscher Baima Bellone glaubt sogar, die Blutgruppe, nämlich AB, bestimmen zu können. Dass es sich um Leichenblut handelt, lässt sich dabei weder beweisen noch ausschließen, da sich dieses in der ersten Phase nach Eintritt des Todes nicht signifikant vom Blut eines Lebenden unterscheidet.

Forensische Analysen führten zu dem Nachweis, dass es sich wohl tatsächlich um das Grableinen eines Gekreuzigten im Alter zwischen dreißig und vierzig Jahren handelt. Er hat wahrscheinlich knapp 80 kg gewogen und war etwas größer als 1,80 m. Der Tod trat wohl durch Ersticken oder Herzschlag ein, wie es bei der Kreuzigung der Fall ist. Neben Spuren einer Geißelung sind von Nägeln herrührende Wundmale erkennbar. Punktförmige Wunden rund um das Haupt stehen mit den biblischen Berichten über eine Dornenkrönung Jesu in Einklang. Die erhebliche Blutmenge im Turiner Leichentuch könnte sich durch einen Lanzenstich in die Seite erklären, wie er nach dem Bericht von Johannes 19,34 bei der Kreuzigung Jesu erfolgt sein soll. Der Leichnam hat vermutlich nur zwei Tage in dem Tuch gelegen, da keine Zeichen von Verwesung feststellbar sind. Auf dem Leichentuch glauben Wissenschaftler Abdrücke von Münzen aus der Amtszeit von Pontius Pilatus entdeckt zu haben, die dem Verstorbenen auf die Augen gelegt wurden. Das Tuch ist aus einer Baumwollart gewebt, die nur im Nahen und Mittleren Osten vorkommt. Sein Fischgrätmuster ist als Webtechnik in der Antike allein für Syrien bezeugt. Auf dem Stoff sind Spuren von Aloe und Myrrhe nachweisbar. Eine botanische Analyse des Leichentuchs auf Rückstände von Pollen und Mikroorganismen im Gewebe zeigte, dass von den knapp sechzig identifizierbaren Pflanzenarten fast alle in den Nahen Osten gehören und vierundvierzig für die Gegend um Jerusalem nachweisbar sind. Vierzehn Pflanzenarten davon kommen ausschließlich in der Region um Jerusalem und der angrenzenden Wüste Juda vor. Mikroskopisch erfassbare Schmutzpartikel auf dem Leinentuch weisen ebenfalls nach Jerusalem. All dies ist zwar noch kein Beweis dafür, dass es sich um das Grabtuch Jesu handelt, lässt dies aber als eine denkbare Möglichkeit erscheinen.

Allen berechtigten Hoffnungen, mit dem Grabtuch von Turin eine authentische Passionsreliquie in Händen zu haben, schien allerdings der mit Genehmigung des Vatikans erfolgte Radiocarbontest aus dem Jahre 1988 ein jähes Ende zu bereiten.

Drei verschiedene Labore aus den Vereinigten Staaten, England und der Schweiz untersuchten unabhängig voneinander Proben des Grabtuchs nach der C-14-Methode und kamen übereinstimmend zu dem vernichtenden Ergebnis, dass es aus der Zeit um 1325 stamme. Dies deckt sich zeitlich bestens mit der ersten urkundlichen Bezeugung der umstrittenen Reliquie. Während vonseiten des Turiner Kardinals Anastasio Ballestrero die Ergebnisse des Radiocarbontests sogleich anerkannt wurden, wurden in Wissenschaftlerkreisen massive Zweifel artikuliert. Als Hauptfaktor, der zur Verfälschung der Testergebnisse geführt haben könnte, gilt der Brand der Kapelle von Chambéry im Dezember 1532. Dabei war das in Seide eingewickelte Grabtuch, das in einem mit Holz verkleideten Silberkasten aufbewahrt wurde, nachweislich über einen längeren Zeitraum extremer Hitze ausgesetzt. Die Temperaturen waren derart hoch, dass das Holz des Schreins verkohlte und das Silber zum Schmelzen gebracht wurde. Dabei trug die Reliquie nicht nur Brandflecken davon, sondern wurde auch durch Löschwasser in Mitleidenschaft gezogen, welches den erhitzten Stoff in ein regelrechtes Dampfbad tauchte. Bei diesem Brand und den dadurch ausgelösten Reaktionen könnte zwischen den betroffenen Materialien ein Isotopenaustausch mit der Folge einer signifikanten Erhöhung der Menge an Radiokohlenstoff stattgefunden haben, der zu einer Beeinflussung und Verzerrung der Testergebnisse führte, indem er das Material gewissermaßen dramatisch verjüngte.

Völlig an den Haaren herbeigezogen ist es dagegen, von einer gezielten Manipulation des Radiocarbontests zu sprechen und bizarre Verschwörungstheorien unterschiedlichster Art zu entwickeln. Der renommierte Grabtuchforscher Werner Bulst konnte offenbar seiner Enttäuschung über das Testergebnis nicht Herr werden, als er in einem Fernsehinterview davon sprach, dass manche ein von Freimaurerkreisen gesteu-

ertes antikatholisches Komplott vermuteten. Noch abenteuerlicher sind die Theorien von Holger Kersten, der bereits
zuvor in seinem Buch *Jesus lebte in Indien* völlig abstruse Behauptungen aufgestellt hatte, und Elmar Gruber. Das Autorengespann unternimmt in seinem pseudowissenschaftlichen
Enthüllungsroman *Das Jesus-Komplott* von 1992 den Versuch,
die sensationellen Machenschaften der „Radiocarbon-Mafia"
und der „Vatikan-Guerilla" an das Tageslicht zu bringen. Die
Kreuzigung Jesu wird als geschickt inszenierte Scheinhinrich-
tung dargestellt, an der neben dem Ratsherrn Josef von Arimathäa und dem Pharisäer Nikodemus auch der verantwort-
liche römische Soldat beteiligt war. Das kostbare Grableinen
habe Josef von Arimathäa lange im Voraus aus Syrien geordert.
Bei der Kreuzigung sei Jesus durch einen Opiumtrank narko-
tisiert gewesen. Anschließend hätten Essener den bewusstlo-
sen Körper vom Kreuz abgenommen und in das mit Myrrhe,
Aloe und anderen Heilessenzen präparierte Grabtuch gelegt,
um ihn im Schutz der Grabhöhle einer Heilbehandlung zu
unterziehen. Rund vierzig Jahre später sei Jesus als alter Mann
in Kaschmir gestorben.

Damit ist die antike Märchenstunde beendet, und die
Kamera schwenkt ins ausgehende 20. Jahrhundert: Die römisch-katholische Kirche habe 1988 eine Manipulation des
Radiocarbontests am Turiner Grabtuch veranlasst, um das
Dogma von Kreuz und Auferstehung zu retten. Da die Blutflecke auf dem Leinen ein unwiderleglicher Beweis dafür sei-
en, dass Jesus nach der Kreuzigung noch am Leben war, stelle die Reliquie eine ernsthafte Gefahr für den Fortbestand
des gesamten christlichen Glaubens dar. Die den Instituten
vorgelegten Gewebeproben hätten gar nicht vom Grabtuch
gestammt, sondern die Grabtuchproben seien gegen Stoff-
teile des mittelalterlichen Chormantels des heiligen Ludwig
aus dem südfranzösischen Städtchen Saint-Maximin aus-

getauscht worden. Da der gesamte Vorgang der Probenentnahme auf Video dokumentiert ist, muss die nicht gefilmte Verpackung der Stoffpartikel in Röhrchen als Ansatzpunkt für die Theorie vom großen Betrug herhalten. Diese wurde von Kardinal Anastasio Ballestrero in Anwesenheit von Michael Tite vom British Museum vorgenommen. Tite war als Vertrauensmann der beteiligten Forschungsinstitute in die gesamte Prozedur einbezogen, um sicherzustellen, dass die den Laboren zugeleiteten Proben tatsächlich dem Grabtuch von Turin entnommen worden waren. Bereits Bulst und andere von den Testergebnissen Enttäuschte hatten ihn der Manipulation bezichtigt, ohne den Hauch eines Beweises dafür zu haben. Auch von den gnadenlosen Enthüllern des „Jesus-Komplotts" wird er, allerdings unter gänzlich anderen Vorzeichen, zur Schlüsselfigur der vermeintlichen Affäre hochstilisiert. Niemand anders als der Vatikan habe dafür gesorgt, dass die Überwachung des Unternehmens allein in Tites Hand lag. Durch Zahlung von einer Million Pfund sei der britische Wissenschaftler dann dazu bewogen worden, durch Vertauschung der Stoffproben die Datierung der Reliquie ins Mittelalter in die Wege zu leiten. Auf diese Weise habe der Vatikan sein Ziel erreicht, das die Grundlagen des christlichen Glaubens gefährdende Grabtuch aus dem Verkehr zu ziehen.

Ein Kuriosum am Rande ist die Rolle des katholischen Geistlichen Karl Herbst, der bereits dem Autorengespann Kersten und Gruber bei der Abfassung ihres Buches zur Seite gestanden hatte, um dann in seinem ebenfalls 1992 erschienenen *Kriminalfall Golgatha* mit ähnlichen Thesen wie diese an die Öffentlichkeit zu gehen. Herbst hatte im Laufe seines Bibelstudiums die Überzeugung gewonnen, dass Jesus zwar ein vertrauenswürdiger Wegführer und Ratgeber in ethischen Fragen sei, es sich bei ihm aber um einen gewöhnlichen sterblichen Menschen handelte. Da das Grabtuch von Turin beweise, dass Jesu Blut im Grab noch zirkuliert habe und er folglich die Kreuzigung überlebt habe, sei der Carbontest von kirchlicher Seite durch Vertauschung der Stoffproben manipuliert worden. Als Hauptverdächtiger des frommen Betrugs wird von Herbst aber nicht Michael Tite, sondern der Turiner Kardinal Ballestrero ausgemacht.

Lässt man den umstrittenen Radiocarbontest außen vor, dann deutet aber jedenfalls eine Vielzahl von Indizien darauf hin, dass in das heute als Grabtuch von Turin verehrte Leinen der Leichnam eines Mannes eingehüllt war, der im 1. Jahrhundert in Palästina gekreuzigt wurde. Damit besteht theoretisch durchaus die Chance, dass es sich um das Grabtuch Jesu handelt. Beweisen lässt sich dies allerdings angesichts der Vielzahl der von den Römern vorgenommenen Kreuzigungen nicht. In entscheidenden Punkten gibt die Reliquie zudem nach wie vor Rätsel auf. Trotz intensivster Bemühungen existiert nach wie vor keine wissenschaftliche Erklärung dafür, wie das Bild auf dem Tuch entstanden ist. Mit der gelegentlich anzutreffenden Behauptung, allein die bei der Auferstehung Jesu freigesetzte Energie könne als „thermonuklearer Strahlenblitz" den Abdruck auf dem Leinen bewirkt haben, wird das umstrittene Objekt in unzulässiger Weise als Beweisstück für die Zuverlässigkeit des Osterglaubens instrumentalisiert. Im Falle seiner Echtheit würde das Grabtuch von Turin weder die Faktizität des Ostergeschehens verbürgen noch umgekehrt einen Beweis dafür darstellen, dass Jesus die Kreuzigung überlebte. Wenn der Radiocarbontest aber doch zu sachgemäßen Ergebnissen geführt hat und das Grabtuch nicht echt ist, muss man vor dem begnadeten Künstler und seinen auch mit modernster Technik nicht ergründbaren Arbeitsmethoden in jedem Fall den Hut ziehen.

22. Das rätselhafte „Jesus-Foto" von Manoppello

Gibt es eine wirklichkeitsgetreue Abbildung des Antlitzes Jesu Christi? Wird dieses Bild statt im Petersdom zu Rom in einer abgelegenen Kapuzinerkirche in den Abruzzen aufbewahrt? Handelt es sich dabei um eine authentische Passionsreliquie und ein Beweisstück für die leibliche Auferstehung Jesu? Dies sind die entscheidenden Fragen, die von dem Muschelseidentuch aus Manoppello aufgeworfen werden. Das faszinierende Bildnis ist erst in den letzten Jahren in den Blickpunkt des Interesses geraten und hat sich immer mehr zu einer Pilgerattraktion gemausert. Es vereinigt in sich Qualitäten eines Gemäldes, eines Hologramms und einer Fotografie. In einer Dokumentation des ZDF, die am Karfreitag 2007 ausgestrahlt wurde, wurde hochtrabend von einem Jesus-Foto gesprochen.

Das auch als *Volto Santo* (Heiliges Antlitz) bekannte Bild befindet sich auf einem hauchzarten Schleiertuch, dessen Ausmaße 17 cm in der Breite und 24 cm in der Höhe betragen. Es zeigt das geschundene und blutbefleckte Gesicht eines Mannes mit langen Haaren und Bart, dessen Nase gebrochen zu sein scheint. Dabei macht es den Eindruck, als ob die Wunden bereits wieder verheilt seien. Daran, dass eine Abbildung Jesu vorliegt, können kaum Zweifel bestehen. Spekulationen, es handle sich um ein Selbstbildnis Albrecht Dürers, erwiesen sich als haltlos. Bei dem Material handelt es sich um kostbare Muschelseide, die aus den hauchdünnen und doch äußerst widerstandsfähigen Ankerfäden der im Mittelmeer anzutreffenden Steckmuschel gewonnen wird. Der Stoff des Tuches schimmert und changiert in unterschiedlichen Rot- und Brauntönen. Bei Gegenlicht verschwindet das Antlitz völlig,

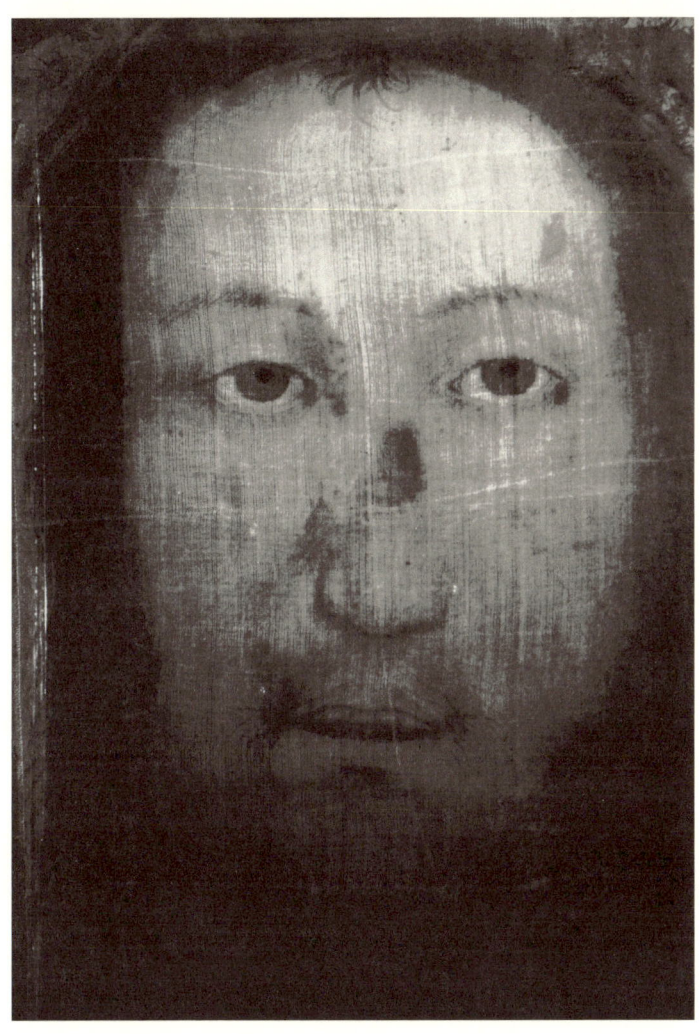

Das Bildnis Jesu auf dem Muschelseidentuch
von Manoppello

und das Material wird durchsichtig wie klares Glas. Das Bild
wird in der schlichten Kirche des kleinen Abruzzendorfes
Manoppello aufbewahrt, die zu einem angrenzenden Kapu-

zinerkloster gehört. Dort steht es in einem massiven Rahmen aus Panzerglas diebstahlsicher auf dem Altar.

Die Herkunft des Muschelseidentuchs lässt sich nur bedingt aufhellen. Den Kapuzinern von Manoppello wurde das kostbare Stück bald nach der Gründung des Klosters im 17. Jahrhundert von einem angesehenen Bürger des Ortes übereignet. Eine notariell beglaubigte Schenkungsurkunde von 1646 belegt dies. Wie das Bildnis aber überhaupt in das Abruzzendorf kam, ist unklar. In Manoppello wird seit Jahrhunderten die wenig glaubhafte Geschichte verbreitet, es sei 1507 einem lokalen Würdenträger, der vor der Kirche auf der Bank saß, von einem sogleich wieder entschwundenen Fremden in die Hand gedrückt worden. Der Jesuitenpater und Kunstgeschichtler Heinrich Pfeiffer glaubt die Geschichte des Muschelseidentuchs lückenlos von Manoppello über Rom, Konstantinopel und Edessa bis in das Grab Jesu zurückverfolgen zu können, wobei auch ein dreister Diebstahl eine wesentliche Rolle spielen soll. Diese von der Fachwelt abgelehnten Mutmaßungen werden von dem Journalisten Paul Badde in seinem mit Pathos nicht sparenden Buch *Das göttliche Gesicht* von 2006 aufgegriffen und publikumswirksam verbreitet. Vom Verlag wird das Werk auf dem Klappentext als der „Krimi um das Muschelseidentuch" beworben.

Der wichtigste und zugleich zerbrechlichste Baustein in Pfeiffers wie Baddes mehr als wackeligem Hypothesengebäude ist die Behauptung, bei dem Schleiertuch von Manoppello handle es sich um jene Reliquie, die im Mittelalter in Rom als das Schweißtuch der Veronika verehrt wurde. Das angebliche Tuch der Veronika gelangte wohl im 8. Jahrhundert aus dem Osten nach Rom. Im 13. Jahrhundert wurde es von Papst Innozenz III. offiziell zur Passionsreliquie erklärt und gleichzeitig für die Verehrung der heiligen Veronika ein Ablass erteilt. Damit war der Aufstieg des Schweißtuchs zur kostbarsten und meistverehrten Reliquie der mittelalterlichen Christenheit unaufhaltsam in Gang gesetzt. Das Tuch mit seinem Christusbildnis zog in den nachfolgenden Jahrhunderten Millionen von Pilgern in seinen Bann, die in die Ewige Stadt kamen, um das Antlitz des Herrn zu schauen, Veronika zu verehren und Vergebung der Sünden zu erlangen. Dabei war der Andrang bisweilen derart groß, dass Gläubige im Gedränge der Menschenmassen den Anblick des Erlösers mit schweren Verletzungen bezahlten.

Die Evangelien und die alten kirchengeschichtlichen Quellen wissen allerdings noch nichts von einer Veronika und einem Abdruck des Antlitzes Jesu. Es handelt sich vielmehr um eine späte Legende, die sich erst im Laufe der Jahrhunderte entwickelte. Ihr Ausgangspunkt ist die im 5. Kapitel des Markusevangeliums überlieferte Geschichte von der blutflüssigen Frau, die durch bloße Berührung des Gewandes Jesu von ihrem Leiden geheilt wurde. In den apokryphen Pilatusakten erhält sie den Namen Berenike, der im Lateinischen mit Veronika wiedergegeben wird. Einer Nachricht des Kirchenvaters Eusebius aus dem 4. Jahrhundert zufolge soll sie zum Dank für ihre Heilung eine Säule gestiftet haben. Erst in einer Legende des 6. Jahrhunderts wird Veronika dann mit einem Abbild des Gesichts Jesu in Verbindung gebracht. Es handelt sich um die märchenhafte Erzählung von der wunderbaren Heilung des römischen Kaisers Tiberius, die *Cura Sanitatis Tiberii*.

Dieser erbaulichen Geschichte zufolge war Tiberius schwer erkrankt und erfuhr, dass im Osten des römischen Imperiums ein Wunderheiler mit Namen Jesus von Nazareth alle Kranken von ihren Leiden befreite. Als Tiberius seinen Boten Volusianus aussandte, um Jesus von Jerusalem nach Rom bringen zu lassen, war dieser gerade von Pontius Pilatus gekreuzigt worden. Volusianus stieß aber auf Veronika, die von ihrem Blutfluss geheilt worden war und zum Gedenken an dieses Ereignis ein Bildnis von Jesus hatte anfertigen lassen. Dieses Gemälde nahm Volusianus mit nach Rom, und beim Anblick des Antlitzes Jesu wurde der Kaiser sofort gesund. In der Folgezeit wurde die Geschichte weitergesponnen und aus dem Gemälde eine Passionsreliquie gemacht. Man wusste sich nun zu erzählen, dass Veronika in Jerusalem gerade die Leinwand gekauft hatte und sich zum Maler begeben wollte, als ihr Jesus auf seinem Kreuzesweg entgegenkam. Da habe sie dem Herrn die Leinwand gereicht, damit der sich Schweiß und Blut aus dem Gesicht wischen konnte. Auf diese Weise soll sich das Antlitz Jesu sichtbar in das Tuch eingeprägt haben. In dieser ausgestalteten Version ging die Geschichte in die *Legenda aurea* des Jakob von Voragine ein, eine im 13. Jahrhundert entstandene Sammlung von Heiligenlegenden, die sich bald zu einem der beliebtesten Bücher des Mittelalters entwickeln sollte.

Zu Beginn des 16. Jahrhunderts wurde in Rom unter Papst Julius II. der Abriss der im Kern aus byzantinischer Zeit stammenden Peterskirche zugunsten eines monumentalen Neubaus beschlossen. Am 18. April 1506 erfolgte die Grundsteinlegung für die neue Peterskirche. Die Bauarbeiten zogen sich über 120 Jahre hin. Der zweiten Abrissphase zu Beginn des 17. Jahrhunderts fiel auch jene Kapelle zum Opfer, in der bis dahin das Schweißtuch der Veronika aufbewahrt worden war. In diesem Zusammenhang wurde die kostbare Reliquie zunächst 1618 in das päpstliche Archiv und dann 1626 bei der Weihe des neuen Petersdoms in den Veronikapfeiler überführt, der direkt über dem Grundstein des Kirchengebäudes eigens für sie errichtet worden war. Er ist mit einem gewaltigen Tresor versehen und beherbergt das Schweißtuch der Veronika bis heute. Die Reliquie wird den Gläubigen einmal im Jahr zur Fastenzeit gezeigt, doch lassen sich auf dem ergrauten Tuch allenfalls noch Schatten der äußeren Konturen des Gesichts Jesu ausmachen.

Für Heinrich Pfeiffer und Paul Badde ist es kein Zufall, dass das Muschelseidentuch ungefähr zu jener Zeit in Manoppello auftauchte und bald darauf dem Kapuzinerkloster übereignet wurde, als in Rom das Schweißtuch der Veronika an seinen neuen Aufenthaltsort überführt wurde. Geradezu erdrückende Indizien legten die Vermutung mehr als nahe, dass der Schleier von einem aus den Abruzzen stammenden Räuber in Rom entwendet und dann nach Manoppello gebracht worden sei. In Rom habe man den peinlichen Verlust der Reliquie vertuscht und die Veronikadevotion mithilfe eines gefälschten Schweißtuchs aufrechterhalten. Benedikt XVI. hat sich zwar 2006 als erster Papst in die Abruzzen aufgemacht, um das Muschelseidentuch in Augenschein zu nehmen und einige Minuten vor dem Altar mit der Reliquie andächtig im Gebet zu verharren. Doch ändert dies nichts daran, dass der Vatikan nach wie vor der festen Überzeugung ist, das echte Schweißtuch der Veronika im Petersdom zu beherbergen. Dafür spricht, dass die im Mittelalter angefertigten Kopien oder künstlerischen Darstellungen des Tuches der Veronika sich deutlich von dem Muschelseidentuch aus den Abruzzen unterscheiden.

Pfeiffer und Badde sind indes überzeugt, den Weg des Schleiertuchs von Manoppello nicht nur nach Rom, sondern bis ins Jerusalem des Jahres 30 zurückverfolgen zu können. Es handle sich um das im 20. Kapitel des Johannesevangeliums erwähnte Schweißtuch, das Jesus um das Haupt gebunden war. Dieses sei bei der Bestattung Jesu in Höhe des Gesichtes über das heute in Turin aufbewahrte Grabtuch gelegt worden. Dabei spielt die Beobachtung der in Manoppello lebenden Trappistenschwester Blandina Schlömer eine zentrale Rolle, dass die auf dem Muschelseidentuch aus den Abruzzen und auf dem Grabtuch von Turin abgebildeten Personen deckungsgleiche Gesichtskonturen aufweisen. Für Pfeiffer und Badde gibt es nur einen denkbaren Ort, an dem beide

Reliquien übereinander gelegen haben könnten, nämlich das Grab Jesu. Später seien sie als doppelschichtiges Christusbild nach Edessa gelangt, wie es von der Abgarsage berichtet werde. Untermauert wird diese Annahme durch die haltlose Behauptung, Christusfresken aus dem 3. und 4. Jahrhundert seien nachweislich von den beiden übereinander liegenden Tüchern inspiriert und bewiesen deren Existenz. Im 6. Jahrhundert habe sich dann der Weg beider Reliquien getrennt. Das Schweißtuch sei von Edessa in das nahe gelegene Kamulia geraten und mit jenem Schleierbild von Kamulia identisch, das 574 nach Konstantinopel überführt wurde. Später sei es nach Rom gelangt, wo man die Veronikalegende erfunden habe, um die Herkunftsspuren des Tuches zu verwischen. Im Zuge der Abrissarbeiten am alten Petersdom sei die Reliquie gestohlen und nach Manoppello gebracht worden. Das Grableinen hingegen sei noch längere Zeit in Edessa verblieben und dort als Mandylion verehrt worden, um dann zunächst nach Konstantinopel und schließlich infolge der Kreuzzüge über Frankreich nach Turin zu gelangen.

Im Zusammenhang dieser abenteuerlichen Spekulationen wird das Muschelseidentuch auch noch zum Beweisstück für die leibliche Auferstehung Jesu. Pfeiffer glaubt genau zu wissen, dass die Reliquie nahezu 2000 Jahre alt ist und das Bildnis nicht aufgemalt sein kann. Die bei der Auferstehung Jesu entstandene Energie habe sich beim Hindurchgehen des Auferstandenen durch das Tuch in Strahlen umgewandelt, welche die Bildspuren bewirkten. Die Hypothese, dass das Bild auf dem Schweißtuch nur während der leiblichen Auferstehung entstanden sein könne, erweise sich als die einzig vernünftige. Derart weitreichende Schlussfolgerungen aus einem Objekt zu ziehen, das klar den Charakter eines Gemäldes trägt, seit ewigen Zeiten zwischen zwei Glasscheiben eingepresst ist und noch niemals einer tiefer gehenden wissenschaftlichen

Untersuchung unterzogen wurde, die über sein Alter und seine Beschaffenheit Auskunft geben könnte, ist mehr als gewagt. Vermutlich ist das Muschelseidentuch von Manoppello das Werk eines mittelalterlichen Künstlers. Zwar hat man in der Tat bislang noch nicht feststellen können, mit welcher Technik das Bildnis hergestellt wurde. Dies bedeutet jedoch noch nicht, dass es sich nur der vom Auferstehungsleib Jesu ausgehenden Energie verdanken kann.

23. Geschichten von Scheintod, Leichnamsdiebstahl und Halluzinationen

Um kein Ereignis aus dem Leben Jesu ranken sich derart viele Mythen und Spekulationen wie um seine Auferstehung. Als ein Ereignis, das aller menschlichen Erfahrung zuwiderläuft, wird sie nicht erst in der Neuzeit unter dem Einfluss aufgeklärten Denkens bestritten, sondern wurde auch in der Antike bereits massiv infrage gestellt. Dabei lassen sich grob zwei Varianten der Auferstehungskritik unterscheiden. Auf der anderen Seite rechnet man damit, dass der Gekreuzigte nur scheintot war, um nach seiner Genesung am Ostermorgen die Grabkammer aus eigenen Kräften zu verlassen und sich anschließend seinen Anhängern zu zeigen. Auf der anderen Seite wird davon ausgegangen, dass Jesus tatsächlich am Kreuz starb, ohne aber von Gott auferweckt worden zu sein. Das leere Grab wird dann auf einen Leichnamsdiebstahl zurückgeführt, während die Erscheinungen des Auferstandenen als Halluzinationen der Osterzeugen gedeutet werden.

Die Auferstehung Jesu Christi ist dasjenige Ereignis, das für die Entstehung der Kirche schlechthin entscheidend war. Nach dem Kreuzestod Jesu waren seine Anhängerinnen und Anhänger in völliger Resignation am Boden zerstört. Aus Furcht, als Jünger Jesu ebenfalls verfolgt und verhaftet zu werden, hatten sie mehrheitlich die Flucht aus Jerusalem ergriffen. Durch die überraschende Einsicht in die Auferstehung Christi gewannen sie unvermittelt die Gewissheit, dass sie das endzeitliche Gottesvolk auf Erden bildeten und mit der Aufgabe betraut waren, die Kunde von Gottes Heilshandeln in alle Welt hinauszutragen. Die neutestamentlichen Zeugnisse von der Auferstehung Jesu zerfallen in zwei unterschiedliche

Überlieferungskomplexe, nämlich die Geschichten vom leeren Grab und die Traditionen von Erscheinungen des Auferstandenen. Während im einen Fall das leere Grab als Beweis für die erfolgte Auferstehung Jesu gilt, wird diese im anderen Fall durch leibhaftige Begegnungen mit ihm verbürgt. Diese Traditionen werden von Bibelwissenschaftlern in ihrem historischen Wert unterschiedlich eingeschätzt.

Den ältesten Kern der Osterüberlieferung markieren Bekenntnisformeln, die von Erscheinungen des Auferstandenen sprechen. Die ausführlichste Formel dieser Art findet sich im 1. Korintherbrief zu Beginn des 15. Kapitels. Paulus zitiert dort eine alte Bekenntnistradition, mit der er die Korinther bereits im Jahr 50 bei der Gründung der Gemeinde vertraut gemacht hatte. Es ist davon die Rede, dass der auferstandene Herr zunächst von Petrus und dann von allen zwölf Jüngern gesehen wurde, um anschließend auch einer Zahl von fünfhundert Gläubigen, dem Herrenbruder Jakobus und den übrigen Aposteln zu erscheinen. Die von Paulus nur erwähnten Erscheinungen vor den Jüngern werden dann in den Evangelien teilweise wesentlich ausführlicher erzählt. Als Letzter reiht sich schließlich Paulus mit seiner Christusvision vor Damaskus in den Kreis derjenigen Personen ein, denen eine Erscheinung Jesu zuteilwurde. Auffälligerweise fehlt in dieser Aufzählung Maria Magdalena, die nach den Evangelien des Matthäus und Johannes am Ostermorgen dem Auferstandenen in unmittelbarer Nähe seines Grabes begegnete. Es spricht einiges dafür, dass Maria Magdalena, die ursprünglich als erste Auferstehungszeugin galt, bereits sehr früh aus der Überlieferung verdrängt wurde, da das Zeugnis der Frau im antiken Judentum wenig galt. Die Ehre der Ersterscheinung sollte Petrus und den Aposteln zukommen.

Die Überlieferung vom leeren Grab ist demgegenüber jünger. Paulus scheint sie nicht zu kennen. Sie findet sich erstmals am Ende des Markusevangeliums, das um das Jahr 70 herum verfasst wurde. Maria Magdalena und zwei andere Frauen begeben sich am ersten Wochentag zu Jesu Grab. Dort stellen sie fest, dass der Stein vor der Grabkammer weggewälzt wurde, und empfangen von einem Engel in weißem Gewand die Botschaft von der Auferstehung Jesu. Von den Jüngern ist hier in der ältesten Überlieferung keine Rede; sie sind vermutlich bereits vor der Kreuzigung nach Galiläa geflohen. Erst im Johannesevangelium werden dann Petrus und der Lieblingsjünger sekundär am leeren Grab platziert, um auch diese männlichen Autoritäten als Zeugen der ersten Stunde am Ostergeschehen teilhaben zu lassen. Nicht wenige Bibelwissenschaftler halten die Geschichten vom leeren Grab für späte Legenden, zumal sie im Erzählablauf einige Ungereimtheiten aufweisen. Andererseits gibt es aber auch Theologen wie den 1989 verstorbenen Kirchenhistoriker Hans von Campenhausen, die vehement für ein hohes Alter der Traditionen vom leeren Grab eintreten und sie für geschichtlich zuverlässig halten. Dennoch herrscht in der Fachwelt ein gewisser Konsens, dass dem leeren Grab wegen der damit verbundenen Unsicherheiten als Basis des Auferstehungsglaubens eine untergeordnete Bedeutung eingeräumt werden sollte und die Erscheinungstraditionen das tragende Fundament des christlichen Osterglaubens bilden.

Die Vermutung, dass Jesus bei der Kreuzigung nicht wirklich starb und demnach keine eigentliche Auferstehung stattgefunden hat, ist im Wesentlichen ein Produkt des christlichen Rationalismus. Dieser suchte unter dem Eindruck der Aufklärung die biblischen Aussagen mit der kritischen Vernunft in Einklang zu bringen und hatte an der Schwelle vom 18. zum 19. Jahrhundert seine Blütezeit. Für die vom Rationalismus geprägten Theologen dieser Epoche, beispielsweise Carl Friedrich Bahrdt oder Heinrich Eberhard Gottfried Paulus, ging bei der Auferstehung Jesu alles auf natürliche Weise zu, da der Gekreuzigte lediglich ohnmächtig gewesen und in eine totenähnliche Starre gefallen sei. Diese haltlose Spekulation zieht sich bis in die Gegenwart wie ein roter Faden durch die populärwissenschaftliche Sensationsliteratur und ist die Grundlage bizarrer Bücher wie Holger Kerstens *Jesus lebte in Indien* oder Barbara Thierings *Jesus von Qumran*, denen zufolge Jesus nach der Kreuzigung von Essenern kuriert wurde und als alter Mann in Kaschmir bzw. Südfrankreich sein Leben aushauchte. In Ansätzen begegnet die Theorie vom Scheintod Jesu bereits im späten 2. Jahrhundert bei dem platonischen Philosophen Celsus. Dieser verglich das Ostergeschehen unter anderem mit den rituellen Hadesfahrten griechischer Magier oder Schamanen, die sich für einige Zeit den Augen der Menschen entzogen, um dann mit der Behauptung wieder hervorzutreten, sie seien aus dem Totenreich zurückgekehrt.

In der Regel geht aber die antike Polemik gegen den christlichen Osterglauben davon aus, dass Jesus tatsächlich am Kreuz starb. Das leere Grab wird als historisches Faktum anerkannt, doch gibt man ihm mit der Theorie vom Leichnamsdiebstahl durch die Jünger eine Erklärung, die ohne das Wunder der Auferstehung auskommt. Die Kirchenväter Justin und Tertullian sind Zeugen dafür, dass dieser Vorwurf immer wieder gegen das Christentum erhoben wurde. Das Gerücht vom Diebstahl des Leichnams Jesu kursierte aber bereits früher, wie die Legende von der Bestechung der Grabwache durch die jüdischen Autoritäten am Ende des Matthäusevangeliums zeigt, die eine erste christliche Reaktion darauf darstellt. Das apokryphe Petrusevangelium beschreibt dann im späten 2. Jahrhundert, um solchen Verdächtigungen vollends den Wind aus den Segeln zu nehmen, erstmals konkret den Vorgang der Auferstehung Jesu. Die Grabwache wird nun von dem Hauptmann Petronius als besonders glaubwürdiger Autoritätsperson angeführt und ist um jüdische Würdenträger bereichert. Übereinstimmend berichten diese unverfänglichen Zeugen dem Statthalter Pontius Pilatus, wie sie mit eigenen Augen den Auferstandenen, gestützt von zwei Engeln, aus der Grabhöhle herauskommen sahen. Neben dieser frommen Legende wird bald ein von Christen gefälschter Brief des Pontius Pilatus an Kaiser Claudius in Umlauf gebracht, in dem der römische Statthalter ausdrücklich den Verdacht zurückweist, die Anhänger Jesu könnten sich seines Leichnams bemächtigt haben.

Wenn der Hamburger Orientalist Hermann Samuel Reimarus im 18. Jahrhundert mit der Behauptung des Leichnamsdiebstahls durch die Jünger die neuzeitliche Debatte um den Auferstehungsglauben einleitete, griff er also eine längst bekannte Theorie auf. Wegen der Brisanz seiner Thesen wagte Reimarus es zeit seines Lebens nicht, damit an die Öffentlichkeit zu gehen. Seine Arbeiten wurden erst posthum von Lessing herausgegeben. Zudem sind seit der Zeit um 1800 auch Spekulationen über eine Umbettung des Leichnams Jesu in Umlauf, die eine vernunftgemäße Erklärung für das leere Grab zu bieten suchen. Jesus sei nach der Kreuzigung nur provisorisch beigesetzt worden und habe ohne Kenntnis der Jünger später an einem anderen Ort seine letzte Ruhestätte gefunden. Diese hätten fälschlicherweise aus dem leeren Grab auf die Auferstehung Jesu geschlossen. Auch für diese Version gibt es allerdings nicht die geringsten Anhaltspunkte.

Für die Erscheinungen Jesu zieht wiederum bereits Celsus unter Rückgriff auf jüdische Polemik die Reputation der Osterzeugen Maria Magdalena und Petrus massiv in Zweifel. Er hält den Christen entgegen: „Dass er nun, der sich lebend nicht helfen konnte, als Toter auferstanden ist und die Merkmale seiner Strafe zeigte, und die Hände, wie sie durchbohrt waren – wer hat dies gesehen? Ein halbrasendes Weib, wie ihr sagt, und vielleicht noch ein anderer von derselben Gauklerbande."

Die Christusvisionen von Maria Magdalena und Petrus sind für den platonischen Philosophen Ausdruck irregeleiteter Fantasie, als ob einem das Bild einer verstorbenen Person derart realistisch vor Augen schwebt, dass man sie für lebendig hält. Von hier ist es nur ein kleiner Schritt zu David Friedrich Strauß, der im 19. Jahrhundert die neutestamentlichen Erscheinungsberichte auf subjektive Visionen zurückführte und diese psychologisch erklärte. Der Anstoß des Kreuzestodes Jesu sei von den Jüngern durch visionäre Erlebnisse bewältigt worden, wie sie ein frommer Enthusiasmus in besonderen Belastungssituationen hervorbringen könne.

In jüngerer Vergangenheit vertritt Gerd Lüdemann im Blick auf die Erscheinungen des auferstandenen Jesus vor Petrus, Paulus und den fünfhundert Brüdern ähnliche Theorien und sucht sie durch tiefenpsychologische Weisheiten zu untermauern. Bei Petrus wird die dreimalige Verleugnung als unbewältigte Schuld, die wegen des abrupten Kreuzestodes Jesu nicht mehr bereinigt werden konnte, für die Vision des auferstandenen Herrn verantwortlich gemacht. Paulus hingegen habe unter einem Mangel an Liebesfähigkeit gelitten und sich insgeheim vom Evangelium der Liebe angezogen gefühlt. Diesem Begehren traute er sich angeblich nicht nachzugeben, sondern verfolgte die Christen umso unerbittlicher. Vor Damaskus sei es dann in Form einer Christusvision mit vorübergehender hysterischer Blindheit zum katastrophenartigen Durchbruch der lange verdrängten Sehnsucht gekommen. Das Damaskuserlebnis gilt damit ähnlich wie die Christusvision des Petrus als eine durch Schuldkomplexe hervorgerufene Halluzination, während die Erscheinung des Auferstandenen vor den fünfhundert Brüdern auf Massenekstase zurückgeführt wird. Dem ist entgegenzuhalten, dass wir über die seelische Verfassung der Auferstehungsbürgen entschieden zu wenig wissen, um derart weitreichende Folgerungen zu ziehen. Die Auferstehung Jesu lässt sich bibelwissenschaftlich weder als Faktum belegen noch als Fiktion erweisen. Bei den Erscheinungstraditionen als Fundament und Herzstück des christlichen Osterglaubens kommt die historische Analyse nicht hinter das Zeugnis der Zeugen zurück. Die Belege für Erscheinungen des auferstandenen Jesus sind zwar derart breit gestreut und die Zahl der Erscheinungsempfänger ist derart hoch, dass es schwerfällt, dabei nur an subjektive Trugbilder zu denken. Andererseits gibt es keine objektiven Visionen. Der Glaube darf darauf vertrauen, dass der Auferstandene von den betreffenden Zeugen tatsächlich gesehen wurde, kann sich dabei aber nicht auf handfeste Beweise stützen.

Das Privileg, die abenteuerlichste aller Visionstheorien entwickelt zu haben, bleibt allerdings John Allegro vorbehalten, der zu den Pionieren der Qumranforschung zählte und später mit seinen wissenschaftlichen Studien in bizarre Gefilde abdriftete. Er stellte 1970 in seinem Buch *The Sacred Mushroom and the Cross* allen Ernstes die Behauptung auf, Jesus habe als historische Person niemals existiert, sondern sei lediglich ein Trugbild gewesen, das seine Anhänger unter Drogeneinfluss gesehen hätten. Die Jünger hätten regelmäßig psychedelische Experimente mit drogenhaltigen Pilzen unternommen, welche aufgrund ihrer halluzinierenden Wirkung die Christusvisionen hervorgerufen hätten. Während britische Wissenschaftler in der *Times* gegen ihn Stellung bezogen und sein Verleger für die Publikation des Buches öffentlich Abbitte leistete, machte Allegro sich mit diesen Thesen unsterblich und avancierte zur Kultfigur der Hippie-Generation. Auch von solchem Ruhm kann die harte und entbehrungsreiche Beschäftigung mit den Geheimnissen, die sich um die Person Jesu ranken und nach Enthüllung rufen, also gekrönt sein.

24. Ein Abschiedsbrief des achtzigjährigen Jesus von der Festung Masada

Spekulationen, dass Jesus die Kreuzigung unversehrt überstanden und noch viele Jahrzehnte weitergelebt habe, sind uns bereits in unterschiedlichster Form begegnet. Wenn man dem australischen Journalisten Donovan Joyce Glauben schenken darf, dann ist Jesus aber weder in Kaschmir noch in Italien oder Südfrankreich verstorben, sondern kam im Alter von achtzig Jahren bei der römischen Eroberung der Festung Masada ums Leben. Dort sollen 1963 bei Ausgrabungen nicht nur die sterblichen Überreste Jesu, sondern auch eigenhändig von ihm verfasste Abschiedszeilen gefunden worden sein. Man könnte diese abenteuerlichen und weitgehend dem Vergessen anheimgefallenen Fantastereien aus dem Jahr 1972 getrost übergehen, wenn sie nicht 2005 durch Kathy Reichs mit ihrem Thriller *Cross Bones* wieder in das Blickfeld einer breiteren Öffentlichkeit gerückt worden wären.

Zum Verständnis der Thesen von Donovan Joyce ist ein Blick in die jüdische Geschichte unumgänglich. Nach Jahrhunderten der Fremdherrschaft hatte 142 v. Chr. die aus dem Freiheitskampf der Makkabäer erwachsene Hasmonäerdynastie mit ihren Priesterkönigen dem jüdischen Volk nochmals politische Selbstständigkeit verschafft, bevor das Land im Jahr 63 v. Chr. durch den Einmarsch des Pompeius unter römische Kontrolle geriet. Zunächst übten die Römer die Regierungsgewalt allerdings nicht direkt aus, sondern setzten von ihnen abhängige Herrscher aus der einheimischen Aristokratie ein. Herodes der Große regierte als jüdischer König von Roms Gnaden fast vierzig Jahre lang. Zuvor hatte bereits sein Vater Antipater als römischer Statthalter amtiert. Zehn Jahre nach dem Tod des Herodes gingen die Römer mit der Einrichtung der Provinz Judäa dazu über, in weiten Teilen Palästinas die Herrschaft direkt auszuüben. Die damit verbundene Steuerschätzung des Quirinius markierte die Geburtsstunde der radikalen Bewegung der Zeloten (Eiferer), die aus politischen, sozialen und religiösen Motiven den bewaffneten Widerstand gegen die Römer propagierte. In der Folgezeit verschärften sich die Spannungen zwischen der römischen Besatzungsmacht und der jüdischen Bevölkerung. Vor allem die Zeloten heizten die romfeindliche Stimmung immer weiter an. Im Jahr 66 kam es zum allgemeinen Aufstand gegen Rom, der vier Jahre später in einer totalen Niederlage endete: Jerusalem wurde von den Römern erobert und der Tempel zerstört. Von den Festungen im Lande, die sich noch unter Kontrolle der Aufständischen befanden, leistete Masada am längsten Widerstand und fiel erst im Frühjahr 74 den Römern in die Hände.

Masada liegt auf einem Felsplateau am Westufer des Toten Meers. Herodes der Große hatte die von den Hasmonäern errichtete Festung zu einer Zitadelle ausbauen lassen, die als Refugium für ihn und seine Familie gedacht war. Dazu wurden zwei luxuriöse Paläste errichtet, einer prächtiger als der andere. Nach dem Tod des Herodes diente Masada den Römern als Garnisonslager. Zu Beginn des Jüdischen Krieges geriet die Festung in die Hand der Zeloten, die auch nach dem Fall Jerusalems keinen Grund zur Kapitulation sahen. Zu jener Zeit führte Eleazar ben Jair auf Masada das Kommando. Er war ein Nachfahre von Judas dem Galiläer, der einst die zelotische Bewegung begründet hatte. In der Festung hatten sich etwa tausend Freiheitskämpfer verschanzt, unter ihnen zahlreiche Frauen und Kinder. Sie leisteten bis zur spektakulären Eroberung der als uneinnehmbar geltenden Festung durch den römischen Legaten Flavius Silva im Frühjahr 74 mehrere Jahre lang erbitterten Widerstand. Die Römer hatten am westlichen Abhang von Masada eine Rampe errichtet, über die sie einen riesigen Rammbock an die Befestigungsanlagen heranführten und eine Bresche in die Mauern schlugen. Bei der Eroberung von Masada bot sich den römischen Truppen ein Bild des Grauens. Die jüdischen Rebellen waren der Gefangennahme durch Selbstmord zuvorgekommen. Man hatte zehn Männer ausgelost, denen die Aufgabe zufiel, jeweils etwa einhundert Bewohnern der Festung die Kehle durchzuschneiden. Anschließend fiel unter diesen zehn Männern auf einen das Los, den anderen neun den Todesstoß zu versetzen und dann Selbstmord zu begehen. Nur wenige Personen konnten sich in Verstecken dem Tod entziehen.

Bis heute ist der zelotische Widerstand auf Masada von immenser Bedeutung für das Selbstverständnis des Staates Israel. Eleazar ben Jair und seine Gefolgsleute hatten in unnachgiebiger Haltung die Kapitulation verweigert und schließlich einem Leben in Unfreiheit den Tod vorgezogen. Ihre Standhaftigkeit gegenüber den römischen Eroberern gilt als Symbol jüdischen Durchhaltewillens mit Vorbildcharakter für alle nachfolgenden Generationen. Der israelischen Armee dient das Plateau von Masada als Ort der Rekrutenvereidigung, wobei geschworen wird, dass Masada nie wieder fallen dürfe. Von Oktober 1963 bis April 1965 wurde Masada unter Leitung des Archäologen Yigael Yadin, der im Laufe seines Lebens auch hohe militärische und politische Ämter innehatte, in zwei Grabungskampagnen archäologisch erschlossen. Dabei wurden nicht nur die Gebäude und Befestigungsanlagen der Zitadelle freigelegt, sondern auch unzählige materielle Relikte geborgen. Neben Münzen und Tonkrügen gehören dazu Reste von vierzehn Rollen mit alttestamentlichen Texten und apokryphen Schriftzeugnissen des antiken Judentums. In der Nähe der Vorratsgebäude entdeckte man beschriftete und vermutlich zum Losen benutzte Tonscherben, von denen eine den Namen Ben Jairs trägt. Zudem traten bei der Suche nach den sterblichen Überresten der Verteidiger Masadas rund dreißig Skelette zu Tage. Darunter befanden sich die Gebeine eines mehr als siebzigjährigen Mannes.

Die archäologische Erschließung von Masada hätte ohne die Beteiligung von mehreren Tausend freiwilligen Helfern aus unterschiedlichsten Ländern nicht durchgeführt werden können. Zu den Personen, die sich an den Grabungen beteiligen wollten, zählte nach eigenen Angaben auch der australische Journalist Donovan Joyce. Er will sich 1964 nach Israel begeben haben, wo ihm allerdings die Teilnahme an den Grabungen aus fadenscheinigen Gründen verwehrt worden sei. Er habe in dem unbegründeten Verdacht gestanden, in einen Antiquitätendiebstahl verwickelt zu sein. Acht Jahre später wartete Joyce in seinem Buch *The Jesus Scroll* mit einer abenteuerlichen Geschichte auf. Als er am Abend des 14. Dezember 1964 unverrichteter Dinge nach Australien zurückfliegen wollte, sei er in Tel Aviv beim Einchecken von einem Mitreisenden angesprochen worden, der sich ihm bereits Tage zuvor im Hotel als Professor Max Grosset vorgestellt habe. Der Gelehrte habe Joyce fünftausend Dollar dafür geboten, eine bei den Ausgrabungen von Masada gestohlene Schriftrolle an Bord des Flugzeuges zu schmuggeln. Auf Masada seien nicht vierzehn, wie Yigael Yadin behaupte, sondern in Wirklichkeit fünfzehn Schriftrollen gefunden worden.

Diese fünfzehnte Rolle, die Donovan Joyce auf der Herrentoilette des Flughafens kurz in Augenschein genommen haben will, biete den Abschiedsbrief eines knapp achtzigjährigen Mannes namens Jesus von Genezareth, der von der Kreuzigung seines Sohnes durch die Römer berichte und sich selbst als letzten rechtmäßigen Vertreter des Königsgeschlechts der Hasmonäer bezeichne. Den zweifelsfrei aus der Zeit um 70 stammenden und durch einen Radiocarbontest als echt erwiesenen Brief habe der besagte Jesus am Abend vor der römischen Erstürmung der Festung Masada niedergeschrieben, um im Angesicht seines Todes das Ende des hasmonäischen Königtums anzukündigen. Der Verfasser des Briefes ist laut Joyce kein Geringerer als Jesus von Nazareth. Dieser sei bei der nur inszenierten Kreuzigung keineswegs gestorben, sondern habe mit seiner Ehefrau Maria Magdalena und dem gemeinsamen Sohn jahrzehntelang in Qumran gelebt, bevor er sich im Jüdischen Krieg nach Masada begeben habe, um mithilfe seiner zelotischen Leibgarde von dort aus die Herrschaft über Israel zu erlangen. Bei dem auf Masada entdeckten Skelett eines mehr als siebzigjährigen Mannes handele es sich um die sterblichen Überreste Jesu.

Am Ende seines als Tatsachenbericht getarnten Märchens stellt Joyce die These in den Raum, die Schriftrolle mit ihren brisanten Jesusgeheimnissen sei von Max Grosset in die Sowjetunion gebracht und 1967 vom Kreml benutzt worden, um den Vatikan zur Unterstützung der gegen Israel kämpfenden arabischen Staaten zu erpressen. Dass die Geschichte vom Abschiedsbrief des achtzigjährigen Jesus von der ersten bis zur letzten Zeile frei erfunden ist, steht außer Zweifel. Schon die Behauptung, dass Joyce sich als freiwilliger Helfer an den Grabungen von Masada beteiligen wollte und abgelehnt wurde, ist mehr als fraglich. Auf Masada wurde, wie Yigael Yadin später nochmals bekräftigte, keine fünfzehnte Schriftrolle entdeckt. Einen unter dem Decknamen Max Grosset auftretenden amerikanischen Archäologen, der an der Masada-Expedition beteiligt gewesen wäre und dort etwas hätte stehlen können, hat es nie gegeben. Da Joyce keine seiner abenteuerlichen Behauptungen auch nur ansatzweise belegen konnte, verschwand das Buch nach seinem Erscheinen schnell in der Versenkung, bevor dessen Thesen von Kathy Reichs in ihrem Buch *Cross Bones* wieder an das Tageslicht geholt wurden.

In diesem Kriminalroman, der im Deutschen unter dem Titel *Totgeglaubte leben länger* veröffentlicht wurde, untersucht die forensische Anthropologin Dr. Temperance Brennan in Montreal die Leiche eines jüdischen Importkaufmanns, der einem Mord zum Opfer gefallen ist. Während der Obduktion des Toten steckt ihr ein Fremder das Foto eines Skeletts zu und erklärt, dass es der Schlüssel zum Tod des Mannes sei. Das rätselhafte Objekt auf der Fotografie entpuppt sich als ein bei den Ausgrabungen von Masada gefundenes Skelett, das illegal von Israel nach Kanada gebracht und dort von einem Priester unter Verschluss gehalten wurde, der es in Kenntnis des Buches von Donovan Joyce für die sterblichen Überreste Jesu hielt und Schaden von der Kirche abwenden wollte. Auch er wird Opfer eines Mordanschlags. Zusammen mit Detective Andrew Ryan und dem Archäologen Jake Drum begibt sich Temperance Brennan nach Israel und wird dort in einen Strudel von Intrigen und Morden hineingezogen, in deren Mittelpunkt das von ihr scherzhaft als „Masada Max" bezeichnete Knochengerüst steht. Neben den Fantastereien von Donovan Joyce fließen dabei die Diskussion um das Jakobus-Ossuar und Spekulationen von James D. Tabor um ein in Jerusalem entdecktes Familiengrab Jesu in die Darstellung ein. Am Ende stellt sich „Masada Max" zwar nicht als das Skelett Jesu heraus, doch wird die Theorie in den Raum gestellt, dass es sich um die sterblichen Überreste eines Neffen Jesu handle. Unter den Verteidigern Masadas seien auch Christen gewesen. Israelische Stellen hätten diese brisante Wahrheit unter Verschluss halten wollen und deshalb weiter gehende archäologische und forensische Untersuchungen unterbunden. Auch diese Behauptungen sind völlig an den Haaren herbeigezogen. Wer auch immer die Kämpfer waren, die sich auf Masada verschanzt hatten und mit dem Rebellenführer Ben Jair in den Tod gingen – Jesus von Nazareth oder seine Angehörigen zählten sicher nicht dazu.

25. Epilog

Wir sind am Ende unserer Beschäftigung mit dem „geheimnisvollen Jesus" und den Mythen, Sensationen und (angeblich) unterdrückten Geheimnissen, von denen seine Gestalt umrankt ist, angekommen. Die große Mehrzahl der spektakulären Enthüllungen hielt einer kritischen Überprüfung nicht stand und hat sich bei genauerer Betrachtung in Luft aufgelöst. Dennoch bedarf es keiner prophetischen Gabe, um vorherzusagen, dass aller wissenschaftlichen Einsicht zum Trotz auch weiterhin spekulative Theorien vom Familienglück Jesu mit Maria Magdalena oder vom Tod des hochbetagten Gottessohnes in Südfrankreich durch die Medien geistern werden. Vor allem Publikationen mit dem Anspruch, Jesus von Nazareth aus den Fesseln des kirchlichen Dogmas zu befreien und lange unter Verschluss gehaltene Details aus seinem Leben aufzudecken, können sich auch in Zukunft ungeteilter Aufmerksamkeit gewiss sein, zumal wenn sie angeblich geheime Texte ans Licht bringen und abenteuerliche Verschwörungen enthüllen. Gelingt es ihnen auch nur halbwegs den Eindruck zu vermitteln, dass höchste kirchliche Kreise die Wahrheit über die Ursprünge des Christentums zu unterdrücken suchen und der israelische Staatsapparat ihnen womöglich hilfreich zur Seite steht, um den ökonomisch bedeutsamen Bibeltourismus und die diplomatischen Beziehungen zum Vatikan nicht zu gefährden, dann ist der kommerzielle Erfolg so gut wie gesichert.

Allgemein hat man den Eindruck, dass in unserer rationalen und technisierten Welt die Sehnsucht nach dem Geheimnisvollen und seiner Enthüllung wächst, wie sehr dies auch der kritischen Vernunft widersprechen mag. Namentlich

Verschwörungstheorien sind nicht nur faszinierend, sondern vermitteln paradoxerweise auch Sicherheit. Sie machen die komplexen, immer weniger durchschaubaren und damit ein Gefühl der Ohnmacht hervorrufenden Machtstrukturen in unserer globalisierten Welt scheinbar transparent. Viele Verschwörungstheorien basieren auf einem stark vereinfachenden Weltbild mit der Grundannahme, dass Einzelpersonen oder Kartelle im Geheimen über die Macht verfügen, weite Teile des Weltgeschehens zu steuern und unbequeme Wahrheiten zu unterdrücken. Zugleich können sich die Kenner der großen Geheimnisse und Verschwörungen mit Stolz zum elitären Kreis der Eingeweihten zählen. Im Gegensatz zur breiten Masse durchschauen sie die Dinge und sind im Besitz der wirklichen Wahrheit, deren Sprengkraft die Mächtigen fürchten.

Es gibt gute Gründe, mit den verzerrten Jesusbildern, wie sie den Büchermarkt beherrschen, hart ins Gericht zu gehen. Bei aller berechtigten Kritik und Empörung droht dabei jedoch das Positive aus dem Blickfeld zu geraten. Immerhin zeugt die Faszination, die für viele Menschen von der Aufdeckung scheinbar unterdrückter Wahrheiten und dem Blick auf den ganz anderen Jesus ausgeht, von einem ungebrochenen Interesse an der Person Jesu und den Grundlagen des Christentums. Dass sich dieses Interesse eher selten in Bahnen bewegt, wie sie vom bibelwissenschaftlichen Standpunkt oder aus kirchlicher Perspektive wünschenswert wären, steht dabei auf einem anderen Blatt. Jedenfalls darf man gespannt sein, welche Sensation aus dem Leben Jesu als nächste enthüllt und publikumswirksam vermarktet wird.

Ausgewählte Literatur

1. Der geheimnisumwitterte Jesus – vom Reiz der großen Sensationen

J. Dirnbeck, Die Jesus-Fälscher, München 2006.

M. Frenschkowski, Mysterien des Urchristentums. Eine kritische Sichtung spekulativer Theorien zum frühen Christentum, Wiesbaden 2007.

R. Heiligenthal, Der verfälschte Jesus. Eine Kritik moderner Jesusbilder, Darmstadt ²1999.

P. Lampe, Küsste Jesus Magdalenen mitten auf den Mund? Provokationen – Einsprüche – Klarstellungen, Neukirchen-Vluyn 2007.

M. Wörther, Betrugssache Jesus. Michael Baigents und andere Verschwörungstheorien auf dem Prüfstand, Würzburg 2006.

2. Der Codex Sinaiticus – ein Fall für die Justiz?

C. Böttrich (Hg.), Tischendorf-Lesebuch. Bibelforschung in Abenteuern, Leipzig 1999.

Ders., Ein Bündel von rotem Tuch. Der Streit um den „Codex Sinaiticus" und ein Kriminalfall, der keiner war, in: Die Zeichen der Zeit – Lutherische Monatshefte 6 (2000), 30–32.

U. J. Schneider (Hg.), Codex Sinaiticus. Geschichte und Erschließung der Sinai-Bibel, Leipzig ²2007.

3. Jesus als Kind eines römischen Legionärs

W. Fenske, Wie Jesus zum „Arier" wurde. Auswirkungen der Entjudaisierung Christi im 19. und zu Beginn des 20. Jahrhunderts, Darmstadt 2005.

G. Lüdemann, Jungfrauengeburt? Die wirkliche Geschichte von Maria und ihrem Sohn Jesus, Stuttgart 1997.

P. Schäfer, Jesus im Talmud, Tübingen 2007.

J. D. Tabor, Die Jesus-Dynastie. Das verborgene Leben von Jesus und seiner Familie und der Ursprung des Christentums, Gütersloh 2006, 79–96.

4. „Jesus war nie in Bethlehem"

M. Koschorke, Jesus war nie in Bethlehem, Darmstadt 2007.

H. Förster, Die Anfänge von Weihnachten und Epiphanias, Tübingen 2007.

K. Rosen, Jesu Geburtsdatum, der Census des Quirinius und eine jüdische Steuererklärung aus dem Jahr 127 n. C., in: Jahrbuch für Antike und Christentum 38 (1995), 5–15.

5. Abenteuerliche Geschichten aus der Kindheit Jesu

O. CULLMANN, Kindheitsevangelien, in: W. Schneemelcher, (Hg.), Neutestamentliche Apokryphen I, Tübingen [6]1990, 330–372.

H.-J. KLAUCK, Apokryphe Evangelien, Stuttgart 2002, 88–109.

G. SCHNEIDER (Hg.), Evangelia infantiae apocrypha – Apokryphe Kindheitsevangelien, Freiburg 1995.

PH. VIELHAUER, Geschichte der urchristlichen Literatur, Berlin/New York 1975, 665–679.

6. Jesus in Indien – ein modernes Märchen

J. FINGER, Jesus. Essener, Guru, Esoteriker? Neuen Evangelien und Apokryphen auf den Buchstaben gefühlt, Mainz 1993.

G. GRÖNBOLD, Jesus in Indien. Das Ende einer Legende, München 1985.

H. KERSTEN, Jesus lebte in Indien. Sein geheimes Leben vor und nach der Kreuzigung, München 1993.

S. OBERMEIER, Starb Jesus in Kaschmir? Das Geheimnis seines Lebens und Wirkens in Indien, Düsseldorf/Wien [3]1984.

G. J. R. OUSELEY, Das Evangelium des vollkommenen Lebens. Ein ursprüngliches und vollständiges Evangelium, [8]1999.

7. Das geheime Markusevangelium – Jesu Nacht mit dem nackten Jüngling

S. C. CARLSON, The Gospel Hoax: Morton Smith's Invention of Secret Mark, Waco 2005.

P. JEFFERY, The Secret Gospel of Mark Unveiled. Imagined Rituals of Sex, Death, and Madness in a Biblical Forgery, New Haven/London 2007.

H.-J. KLAUCK, Apokryphe Evangelien, Stuttgart 2002, 48–52.

E. RAU, Das geheime Markusevangelium. Ein Schriftfund voller Rätsel, Neukirchen-Vluyn 2003.

M. SMITH, Clement of Alexandria and a Secret Gospel of Mark, Cambridge 1973.

DERS., Auf der Suche nach dem historischen Jesus. Entdeckung und Deutung des geheimen Evangeliums im Wüstenkloster Mar Saba, Frankfurt am Main 1974.

8. Das vermeintliche Markusfragment aus Qumran

S. ERNSTE, Kein Markustext in Qumran. Eine Untersuchung der These: Qumranfragment 7Q5 = Mk 6,52–53, Freiburg (Schweiz)/Göttingen 2000.

Y. HIRSCHFELD, Qumran – die ganze Wahrheit. Die Funde der Archäologie – neu bewertet, Gütersloh 2006.

H. STEGEMANN, Die Essener, Qumran, Johannes der Täufer und Jesus, Freiburg [10]2007.

C. P. Thiede, Die älteste Evangelien-Handschrift? Das Markusfragment von Qumran und die Anfänge der schriftlichen Überlieferung des Neuen Testaments, Wuppertal 1986.

9. Jesus von Qumran – ein Phantom aus Australien

O. Betz / R. Riesner, Jesus, Qumran und der Vatikan. Klarstellungen, Freiburg 1993.

B. Thiering, Jesus von Qumran, Gütersloh 1993.

10. Der angebliche Jesus-Papyrus

C. P. Thiede / M. d'Ancona, Der Jesus-Papyrus. Die Entdeckung einer Evangelien-Handschrift aus der Zeit der Augenzeugen, München 1996.

K. Wachtel, P64/67: Fragmente des Matthäusevangeliums aus dem 1. Jahrhundert? in: Zeitschrift für Papyrologie und Epigraphik 107 (1995), 73–80.

11. Das „Jesus-Boot" aus dem Kibbuz Ginnosar

O. Cohen, „... ein Schiff wird kommen ..." Die Bergung und Restaurierung eines 2000 Jahre alten Bootes am See Gennesaret, in: G. Fassbeck u. a., Leben am See Gennesaret, Mainz 2003, 147–152.

F. Strickert, Bethsaida: Home of the Apostles, Collegeville 1998, 47–64.

12. Die „Bibel der Häretiker" aus Nag Hammadi

G. Lüdemann / M. Janssen, Bibel der Häretiker. Die gnostischen Schriften aus Nag Hammadi, Stuttgart 1997.

Ch. Markschies, Die Gnosis, München 2001.

G. M. Martin, Das Thomasevangelium. Ein spiritueller Kommentar, Stuttgart 1998.

E. Pagels, Das Geheimnis des fünften Evangeliums. Warum die Bibel nur die halbe Wahrheit sagt, München 2004.

K.-W. Tröger, Die Gnosis. Heilslehre und Ketzerglaube, Freiburg 2001.

13. „Sakrileg" oder der „Da-Vinci-Code"

M. Baigent, Die Gottesmacher, Bergisch-Gladbach 2006.

D. Brown, Sakrileg. The Da Vinci Code, Bergisch-Gladbach 2004.

M.-F. Etchegoin / F. Lenoir, Das Geheimnis des Da-Vinci-Code. Geheimbünde, Verschwörungen, codierte Gemälde und die wahren Schauplätze in Dan Browns „Sakrileg", München 2005.

H. Lincoln / M. Baigent / R. Leigh, Der heilige Gral und seine Erben, München 2002.

A. Schick / M. Welte, Das wahre Sakrileg. Die verborgenen Hintergründe des Da-Vinci-Codes, München 2006.

J. Valentin (Hg.), Sakrileg. Eine Blasphemie? Das Werk Dan Browns kritisch gelesen, Münster 2007.

14. Der Verräter in neuem Licht – das Judasevangelium

M. Hauf, Judas Ischariot – Verräter oder Vertrauter? Die Hintergründe zum neu entdeckten Judasevangelium, München 2007.

R. Kasser / M. Meyer / G. Wurst, Das Evangelium des Judas, Wiesbaden 2006.

H. Krosney, Das verschollene Evangelium. Die abenteuerliche Entdeckung und Entschlüsselung des Evangeliums des Judas Iskarioth, Wiesbaden 2006.

H. E. Lona, Judas Iskariot. Legende und Wahrheit, Freiburg 2007.

E. Pagels, / K. L. King, Das Evangelium des Verräters. Judas und der Kampf um das wahre Christentum, München 2008.

J. M. Robinson, Das Judasgeheimnis. Ein Blick hinter die Kulissen, Göttingen 2007.

15. Die Pilatusakten – authentische Protokolle vom Prozess Jesu?

A. Demandt, Hände in Unschuld. Pontius Pilatus in der Geschichte, Köln u. a. 1999.

R. Heiligenthal / A. von Dobbeler, Menschen um Jesus. Lebensbilder aus neutestamentlicher Zeit, Darmstadt 2001, 31–39.

H.-J. Klauck, Apokryphe Evangelien, Stuttgart 2002, 118–131.

16. Das Barnabasevangelium: Ging der Falsche ans Kreuz?

L. F. Bernabé-Pons, Zur Wahrheit und Echtheit des Barnabasevangeliums, in: R. Kirste u. a. (Hg.), Wertewandel und religiöse Umbrüche, Balve 1996, 133–188.

M. de Epalza, Jesus zwischen Juden, Christen und Muslimen, Frankfurt am Main 2002.

S. M. Linges, Das Barnabas-Evangelium. Wahres Evangelium Jesu, genannt Christus, eines neuen Propheten, von Gott der Welt gesandt gemäß dem Bericht des Barnabas, seines Apostels, Kandern ²2004.

Ch. Schirrmacher, Mit den Waffen des Gegners. Christlich-muslimische Kontroversen im 19. und 20. Jahrhundert dargestellt am Beispiel der Auseinandersetzung um Karl Gottlieb Pfanders „Mîzân al-haqq" und Rahmatullâh ibn Halîl al Utmânî al-Kairânawîs „Izhâr al-haqq" und der Diskussion über das Barnabasevangelium, Berlin 1992.

17. Die umstrittene Kreuzestafel aus Rom

M. Hesemann, Die Jesus-Tafel. Die Entdeckung der Kreuz-Inschrift, Freiburg 1999.

C. P. Thiede / M. d'Ancona, Das Jesusfragment. Kaiserin Helena und die Suche nach dem Kreuz, München 2000.

18. Jesus mit Eselskopf – das Spottkruzifix vom Palatin

E. Bickerman(n), Ritualmord und Eselskult. Ein Beitrag zur Geschichte antiker Publizistik, in: ders., Studies in Jewish and Christian History II (AGJU IX/2), Leiden 1980, 225–255.

W. Helbig (Hg.), Führer durch die öffentlichen Sammlungen klassischer Altertümer in Rom, Bd. 2, Tübingen ⁴1966, 861–863.

P. Guyot / R. Klein (Hg.), Das frühe Christentum bis zum Ende der Verfolgungen, Bd. 2, Darmstadt 1994, 226–232 und 371–375.

19. Das Ossuar des Jakobus – die perfekte Fälschung?

H. Shanks / B. Witherington, The Brother of Jesus: The Dramatic Story and Meaning of the First Archaeological Link to Jesus and His Family, San Francisco 2004.

J. Zangenberg, Des Herrenbruders letzte Ruhestätte? Jakob, Josef und Jeschua auf einem Ossuar aus Jerusalem, in: Welt und Umwelt der Bibel 27 (2003), 47.

ders., Forscher, Fälscher, Phantasien. „James Bond" und das unrühmliche Ende des „Jakobus-Ossuars", in: Welt und Umwelt der Bibel 30 (2003), 59–60.

20. Das ominöse Familiengrab von Talpiot

S. Jacobovici / C. Pellegrino, The Jesus Family Tomb: The Discovery, the Investigation, and the Evidence That Could Change History, San Francisco 2007.

P. Lampe, Jesu DNS-Spuren in einem Ossuar und in einem Massengrab seine Gebeine? Von medialer Pseudowissenschaft und zuweilen unsachgemäßen Expertenreaktionen, in: Zeitschrift für Neues Testament 10 (2007), 72–76.

J. D. Tabor, Die Jesus-Dynastie. Das verborgene Leben von Jesus und seiner Familie und der Ursprung des Christentums, Gütersloh 2006, 15–48.

J. Zangenberg, Yeshua aus Talpiot und Jesus von Nazaret. Bemerkungen zum angeblichen Grab Jesu und seiner Familie, in: Welt und Umwelt der Bibel 44 (2007), 2–7.

21. Das Grabtuch von Turin – die Mutter aller Reliquien

W. Bulst, Betrug am Turiner Grabtuch. Der manipulierte (
Frankfurt am Main 1990.

W. Bulst / H. Pfeiffer, Das Turiner Grabtuch und das Cl
2 Bde., Frankfurt am Main 1987/1991.

M. Illert (Hg.), Die Abgarlegende / Das Christusbild von I
hout 2007.

H. Kersten / E. R. Gruber, Das Jesus-Komplott. Die Wa
„Turiner Grabtuch", München 1992.

M. G. Siliato, Und das Grabtuch ist doch echt. Die neuen
chen 2000.

22. Das rätselhafte „Jesus-Foto" von Manoppello

P. Badde, Das Göttliche Gesicht. Die abenteuerliche Suche
wahren Antlitz Jesu, München 2006.

W. Bulst / H. Pfeiffer, Das Turiner Grabtuch und das C
Bd. 2, Frankfurt am Main 1991, 65–72.

M. Hesemann, Die stummen Zeugen von Golgatha. Die fa
Geschichte der Passionsreliquien Christi, München 200

23. Geschichten von Scheintod, Leichnamsdiebstahl und I

J. Becker, Die Auferstehung Jesu Christi nach dem Neuen
Tübingen 2007.

G. Lüdemann, Die Auferstehung Jesu. Historie, Erfahrung
Göttingen 1994.

G. Theissen / A. Merz, Der historische Jesus, Göttingen

24. Ein Abschiedsbrief des achtzigjährigen Jesus von der I

D. Joyce, The Jesus Scroll. A Time Bomb for Christianity?

K. Reichs, Cross Bones, London 2005.

Y. Yadin, Masada. Der letzte Kampf um die Festung des H
burg 1967.